일본
여행은,
처음이라

KB108307

PAGODA Books

일본 여행은, 처음이라

초판 1쇄 인쇄 2021년 9월 7일
초판 1쇄 발행 2021년 9월 14일
초판 3쇄 발행 2024년 1월 8일

지 은 이 | 황효정
펴 낸 이 | 박경실
펴 낸 곳 | **PAGODA Books** 파고다북스
출판등록 | 2005년 5월 27일 제 300-2005-90호
주　　소 | 06614 서울특별시 서초구 강남대로 419, 19층(서초동, 파고다타워)
전　　화 | (02) 6940-4070
팩　　스 | (02) 536-0660
홈페이지 | www.pagodabook.com

ISBN 978-89-6281-876-5 (13730)

파고다북스　　　www.pagodabook.com
파고다 어학원　　www.pagoda21.com
파고다 인강　　　www.pagodastar.com
테스트 클리닉　　www.testclinic.com

▎낙장 및 파본은 구매처에서 교환해 드립니다.

머리말

안녕하세요~! 일본어 강사 효정센세입니다. 지금 책을 펴서 이 글을 읽고 있는 분이라면 일본 여행을 준비 중이시겠네요. 여행 전이라 두근두근 설레시죠? 그런 여러분의 설렘에 언어적 자신감을 같이 드리고자 이 책을 써 보았답니다. 그럼, 책의 주인공 한솔이와 함께 일본 여행을 시작해 볼까요? **일본 여행은, 처음이라**는 이런 점이 달라요.

- **일본어 하나도 몰라도 공부할 수 있어요.**
  나는 히라가나도 모르고… 한자는 더더욱 모르는데…라고 생각하는 분들도 많으시죠? **일본 여행은, 처음이라**에는 모든 소리에 한국어 발음이 붙어 있답니다. 일본어는 한국어와 어순이 같아서 술술 읽고 연습하다 보면 나도 말할 수 있게 됩니다. 걱정 말고 같이 공부해 보아요.

- **단순한 여행가가 아닌 소통하는 커뮤니케이터를 목표로!**
  일본 여행을 다녀온 학생들은 다들 좀 더 현지인들이랑 말하고 싶었어요라고 말해요. 거기에 착안하여 이 책을 구성해 보았어요. **이거 주세요, 저거 주세요**가 아닌, 내 생각과 의견을 정확히 전달하고, 소통할 수 있는 지침서가 되고 싶어요.

- **엘리베이터에서 먼 방으로 주세요.**
  왜, 여행 책자들은 하나 같이 똑같은 이야기만 할까요? 내가 못 먹는 것, 알레르기가 있는 것 등. **일본 여행은, 처음이라**에는 구체적인 요구 사항을 표현하는 문구를 많이 넣어 보았어요.

- **여행의 최고의 선물은 만남!**
  구경도 좋지만 돌아올 때 낯선 곳에서 우연히 만난 일본인 친구가 생긴다면? 거기다 그 친구를 다시 한국에 초대할 수 있다면? 생각만 해도 두근두근하지요? 이 책을 읽고 같이 공부하면 여러분에게 현지인 친구가 생기는 것도 시간문제랍니다.

- **50일 코스로 매일매일 조금씩 공부해 보세요.**
  이걸 언제 다 공부하지? 마음은 산처럼 큰데 잘 실천하기 어렵죠? 이 책에서는 50일 코스로, 조금씩 부담 없이 하루 5분만 투자하면 학습할 수 있게 설계되어 있답니다.

- **디테일의 차이를 느껴 보세요.**
  혹시 이건 궁금하지 않을까? 이런 점이 곤란하지 않을까? 세세하게 연구하면서 책을 구성해 보았어요. 각종 상황에서 일어날 작은 궁금증은 **센세, 도와주세요** 코너에 수록하였답니다.

저와 함께 열심히 일본어 공부해서 이번 일본 여행을 좀 더 특별하게 만들어 볼까요? 다들 준비되셨죠~? 그럼, 온라인·오프라인 수업에서도 또 만나요 여러분~! 여행 가방 속의 든든한 지원군이 되길 바라며.

효정센세

이 책의
200% 활용법

5분톡 사이트 일본어 50음도

1
저자 직강
음성 강의

파고다 어학원의 베테랑 강사이자 '일본 여행은, 처음이라' 저자 효정센세가 직접 전해주는 음성 강의와 함께 하세요. 교재 내용을 보다 확실하고 폭넓게 이해할 수 있도록 도와드립니다.

■ 네이버 오디오클럽에서 **일본 여행은, 처음이라**를 검색하여 청취

2
5분 듣고 말하기
집중 훈련

일본어 문장을 직접 말해보며 녹음하고, 원어민의 발음과 비교해 보세요. 따라 말하기 연습을 충분히 마친 뒤에는 한국어 뜻에 맞게 일본어로 말해보는 테스트를 통해 데일리 표현을 마스터할 수 있습니다. 하루 5분씩, 말하기 집중 훈련 프로그램과 함께 발화 연습량을 차곡차곡 쌓아가 봅시다.

■ 파고다북스 홈페이지에 접속하여 **5분톡** 탭에서 실행 (PC / 모바일)

3
교재 예문 MP3

일본어 귀가 트이려면 여러 번 반복해서 듣는 게 최고! 책에 수록된 모든 예문을 원어민 목소리로 들어볼 수 있는 생생한 음성자료를 무료 제공합니다.

■ 파고다북스 홈페이지에서 다운로드받아 청취 (실시간 스트리밍도 가능)

하루 5분씩 50일, 일본 여행을 기다리는 완벽한 플랜!
5분톡 여행 일본어 학습을 끌어주고 밀어주는 부가 자료 6가지

4

여행이 즐거워지는 알짜 팁 영상

일본 여행에서 빠질 수 없는 맛집 찾기! 그 궁금증, 저자 효정센세가 친절하게 소개해 드립니다. 미리 알아두고 출발하면 여행이 더 즐거워지는 알짜 팁!을 꼭 확인해 보세요.

■ 교재 143쪽의 QR코드를 스캔하여 시청

5

5분톡 발음 클리닉

한국인이 어려워하는 포인트만 엄선했습니다. 파고다 베테랑 선생님들의 발음 클리닉 강의를 통해 나의 일본어 발음을 한 단계 업그레이드하고 스피킹에 자신감을 더해 보세요.

■ 파고다북스 홈페이지 또는 유튜브에서 **파고다 5분톡 발음 클리닉**을 검색하여 시청

6

모바일에 쏙 들어간 일본어 50음도

일본어를 처음 시작하시는 분, 일본어를 배운 적은 있지만 히라가나/가타카나부터 헷갈리시는 분들을 위해 준비했습니다. 모바일/태블릿 기기와 책을 함께 대조하며 일본어 글자를 눈에 익혀 보세요. PDF는 홈페이지에서 다운로드 후 출력도 가능합니다.

■ 파고다북스 홈페이지에서 PDF 다운로드 또는 교재 4쪽의 QR코드를 스캔하여 열람

여행에서 유용하게 쓸 수 있는 표현만
엄선했습니다.

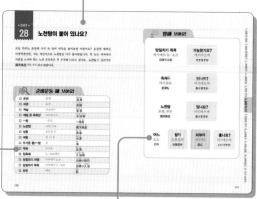

다양한 문장을 구사하기 위해
필수 어휘를 먼저 살펴봅니다.
체크 박스를 활용한 개인별 확인
학습도 가능해요!

이제 문장으로 말해 봅시다. 단어만
바꾸면 마음껏 활용 가능한 예문을
담았습니다. 원어민 음성을 따라 말하는
연습을 통해 자연스러운 발음도 함께
익혀보세요!

5분톡 무료 학습서비스를 이용한 공부법

Step 1

저자 직강 오디오 강의를
들으면서 교재 내용을
이해해 보세요.

Step 2

원어민 음성 MP3를 따라
교재의 예문을 반복해서
소리내어 말해 보세요.

Step 3

5분 집중 말하기 훈련
온라인 프로그램을 통해
데일리 표현을 마스터해
보세요.

현장감이 생생하게 살아 있는 대화를 통해서, 실제 장면에서는
어떻게 대화가 이루어지는지 알아봅시다. 강조 표시된 부분은
내가 실제로 말해볼 수 있는 문장이므로 눈여겨 봐둡시다.

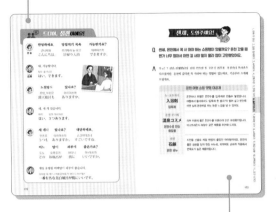

여행 상황에서 겪을 법한 돌발상황이나 알아두면 유용한
정보를 엮었습니다. 바로 옆에서 들려주는 듯한 효정 센세의
친절한 설명으로 이해가 쏙쏙 될 거예요!

각 DAY에서 가장 핵심이 되는 단어와 표현을 골라 되새겨 볼 수 있는 복습
코너를 마련했습니다. 한국어 뜻을 보고 내가 외운 일본어를 말해 보세요!
정답은 바로 아래에서 확인 가능합니다.

목차

이건
알고
가자 !

알짜 TIP

이 표현은 꼭
알아야 해요

01 네

02 아니요

03 알겠습니다

04 모르겠어요

하이
はい

이-에
いいえ

와까리마시따
分かりました

와까리마셍
分かりません

05 ~주세요

06 ~부탁드려요

07 고맙습니다

08 괜찮아요

쿠다사이

くださ い

오네가이시마쓰

お願いします

아리가또-고자이마쓰

ありがとうございます

다이죠-부데쓰

大丈夫です

09 저기요~
(점원을 부르는 말)

10 죄송합니다

11 얼마예요?

12 몇 개예요?

스미마셍~
(크고 힘차게) すみません

스미마셍
すみません

이쿠라데쓰까
いくらですか

이쿠쯔데쓰까
いくつですか

13 **식수(물)**

14 **차가운 물**

15 **뜨거운 물**

16 **차(녹차)**

오미즈
お水

오히야
お冷や

오유
お湯

오차
お茶

17	~있어요?
18	~있어요
19	~없어요?
20	~없어요

아리마쓰까
ありますか

아리마쓰
あります

아리마센까
ありませんか

아리마셍
ありません

21 **아침 인사**

22 **점심 인사**

23 **저녁 인사**

24 **잘 먹었습니다**

오하요-고자이마쓰
おはようございます

곤니치와
こんにちは

곰방와
こんばんは

고치소-사마데시따
ごちそうさまでした

Part 1
여행 전
준비

Part 2
일본
입국하기

Part 3
숙박
하기

Part 6
놀러
다니기

Part 5
맛집
가기

Part 4
교통
수단

Part 7
편의점
가기

Part 8
쇼핑
하기

Part 9
위급
상황

Mission Complete!

Part 11
친구
사귀기

Part 10
부탁
하기

Part
1
여행 전
준비

5월 16일 일요일 2시에 어른 두 명 예약 가능할까요?

두근두근 여행 준비를 시작하셨군요. 여행을 백배로 즐기기 위해서는 현지 맛집 방문이 필수죠? 여러분도 잘 아시듯 유명한 레스토랑은 예약이 필수인데요.
대부분의 가게가 메일이나 전화로 예약을 받고 있습니다. 여보세요? 는 일본어로 もしもし 모시모시 랍니다. 쉽죠? 우리 지금부터 전화기를 들고 예약해 보아요.

준비운동 해 보아요!

□ 저기~/저~	아노-	あの~
□ 예약	요야꼬	予約
□ (시간)에	~니	~に
□ 어른	오또나	大人
□ 아이	코도모	子供
□ 고객님	오꺄사마	お客様
□ 성함은?	오나마에와	お名前は
□ ~입니다	~데쓰	~です
□ 가능하다	데끼루	できる
□ 가능할까요?	데끼마쓰까	できますか
□ 네, 가능합니다	하이 데끼마쓰	はい、できます
□ 죄송합니다	모-시와케고자이마셍	申し訳ございません
□ 그래요?	소-데쓰까	そうですか
□ 알겠습니다	와까리마시따	分かりました

말해 보아요!

5월 16일
고가쯔 쥬-로끄니찌
5月16日

일요일
니찌요-비
日曜日

2시에
니지니
2時に

어른 두 명
오또나 후따리
大人 2 人

예약 가능할까요? 요야꾸 데끼마쓰까 予約できますか

예외!

3월 4일
산_가쯔 욧까
3月 4 日

토요일
도요-비
土曜日

1시에
이찌지니
1時に

어른 한 명
오또나 히또리
大人1人

예약 가능할까요? 요야꾸 데끼마쓰까 予約できますか

7월 12일
시찌가쯔 쥬-니니찌
7月12日

화요일
카요-비
火曜日

6시에
로끄지니
6時に

어른 두 명
오또나 후따리
大人2人

예약 가능할까요? 요야꾸 데끼마쓰까 予約できますか

8월 30일
하찌가쯔 산_쥬-니찌
8月30日

수요일
스이요-비
水曜日

7시에
시찌지니
7時に

어른 세 명
오또나 산_닝
大人3人

예약 가능할까요? 요야꾸 데끼마쓰까 予約できますか

드디어, 실전이에요!

店員 (てんいん)

항상 감사합니다. 미도스시입니다.
이쯔모 아리가또-고자이마쓰   미도스시데쓰
いつもありがとうございます。みどすしです。

한솔

5월 16일	일요일	2시에	어른 한 명
고가쯔 쥬-로꾸니찌	니찌요-비	니지니	오또나 히또리
5月16日	日曜日	2時に	大人一人

예약   가능할까요?
요야꾸   데끼마쓰까
予約   できますか。

네, 고객님. 5월 16일 일요일 2시 말씀이시군요.
하이 오꺄꾸사마   고가쯔 쥬-로꾸니찌 니찌요-비 니지데쓰네
はい、お客様。5月16日日曜日2時ですね。

네, 가능합니다. 성함은요?
하이 데끼마쓰   오나마에와
はい、できます。お名前は？

한솔   입니다.
한소루   데쓰
ハンソル   です。

한솔 님이군요. 감사합니다.
한소루 사마데쓰네   아리가또-고자이마쓰
ハンソル様ですね。ありがとうございます。

기다리고 있겠습니다.
오마찌시떼오리마쓰
お待ちしております。

센세, 도와주세요!

Q 만약에 예약이 안 되는 경우는요?

A 예약이 안 되는 경우는, 레스토랑 측에서 **申し訳ございません** 모-시와케고자이마셍
이라고 말하는데요. 죄송합니다 라는 의미랍니다. 그렇게 이야기를 들으면
당황하지 마시고, 네, 알겠습니다 하이 와까리마시따 라고 말하고 통화를 종료
하거나, 아니면 다른 날짜와 요일, 시간을 이야기하며 무한 루프 예약을 해 보아요.

Q 센세, 인원수를 말하는 단어가 헷갈려요.

A 인원수를 나타내는 말은 한자 **사람 인** 을 쓰고 **人** 닝 이라 읽는데요. 주로 숫자를
붙이고 그 뒤에 **人** 닝 을 발음하시면 됩니다. 하지만 한 명, 두 명은 예외이니,
아래의 표를 보면서 우리 한 번 더 연습해 보아요.

한 명	두 명	세 명	네 명	다섯 명
히또리	후따리	산_닝	요닝 절대 금지! ~~욘_닝~~	고닝

여섯 명	일곱 명	여덟 명	아홉 명	열 명
로꾸닝	시찌닝	하찌닝	큐-닝	쥬-닝

31

Part 1
여행 전
준비

Part 2
일본
입국하기

Part 3
숙박
하기

Part 6
놀러
다니기

Part 5
맛집
가기

Part 4
교통
수단

Part 7
편의점
가기

Part 8
쇼핑
하기

Part 9
위급
상황

Mission Complete!

Part 11
친구
사귀기

Part 10
부탁
하기

Part
2
일본 입국
하기

★ DAY ★
02
콜라 주세요.

오늘은 여행 첫날! 룰루랄라 공항으로 가서 비행기 탑승까지 무사히 마치셨나요? 어! 근데 내가 탄 비행기가 일본 항공기이고, 오늘은 한국인 승무원도 없다면? 그럴 땐 여러분 걱정 마시고 이 한마디만 기억해 주세요! ください 쿠다사이 마법처럼 척척 모든 것을 주문할 수 있답니다.

준비운동 해 보아요!

□ 음료	노미모노	飲み物
□ 물	오미즈	お水
□ 콜라	코-라	コーラ
□ 사이다	사이다-	サイダー
□ 오렌지주스	오렌지쥬-스	オレンジジュース
□ 사과주스	링_고쥬-스	りんごジュース
□ 맥주	비-르	ビール
□ 커피	코-히-	コーヒー
□ 설탕	사또-	砂糖
□ 크림	크리-무	クリーム
□ 레드와인	아까와인	赤ワイン
□ 화이트와인	시로와인	白ワイン
□ 담요	모-후	毛布
□ 주세요	쿠다사이	ください

말해 보아요!

저기요	물	주세요
스미마셍~	오미즈	쿠다사이
すみません	お水	ください

저기요	콜라	주세요
스미마셍~	코-라	쿠다사이
すみません	コーラ	ください

저기요	맥주	주세요
스미마셍~	비-르	쿠다사이
すみません	ビール	ください

저기요	커피	주세요
스미마셍~	코-히-	쿠다사이
すみません	コーヒー	ください

드디어, 실전이에요!

じょうむいん
乗務員

음료는 어떻게 하시겠습니까?

오노미모노와 도- 나사이마쓰까

お飲み物はどうなさいますか。

한솔

콜라　　　**주세요.**

코-라　　　　쿠다사이

コーラ　　　ください。

네, 여기요.

하이 도-조

はい、どうぞ。

고맙습니다.

아리가또-고자이마쓰

ありがとうございます。

저기요,　　**담요**　　**주세요.**

아노-　　　모-후　　　쿠다사이

あの〜、　　毛布　　ください。

네, 알겠습니다.

하이 카시코마리마시따

はい、かしこまりました。

센세, 도와주세요!

Q 센세, 비행기에서 알아야 할 단어는 또 뭐가 있을까요?

A 비행기 내에서 자주 쓰이는 단어와 표현을 더 공부해 봅시나.

안전벨트	시-또 베루토 シートベルト
기내 면세품	키나이 멘_제-힝 機内 免税品
얼음 주세요.	코-리 쿠다사이 氷ください。
여기 제 자리인데요.	코꼬 와따시노 세끼데쓰가 ここ 私の 席ですが。
토할 것 같아요.	키모찌 와루이데쓰 気持ち 悪いです。

37

관광으로 왔습니다.

이제 일본 도착! 아~ 일본의 향기가 느껴지네요. 여러분 공항을 나가기까지 하나의
관문이 남았습니다. 그것은? 입국 심사. 입국 심사 전에 저는 괜히 떨리더라고요.
여러분도 그런가요? 이제 떨림은 필요 없어요. 어떻게 오셨나요? 라고 물으면
観光で来ました 칸_코-데 키마시따 라고 한마디만 하면 됩니다. 쉽죠? 어서 연습해
보아요!

준비운동 해 보아요!

□ 관광	칸_코-	観光
□ 여행	료코-	旅行
□ 비즈니스	비지네스	ビジネス
□ 출장	슛쵸-	出張
□ 친척 방문	신세끼 호-몬	親戚訪問
□ 외국인	가이코쿠진	外国人
□ 여권	파스포-토	パスポート
□ ~로	~데	~で
□ 오다	쿠루	来る
□ 옵니다	키마쓰	来ます
□ 왔습니다	키마시따	来ました
□ 방문	호-몬	訪問
□ 입국	뉴-코쿠	入国
□ 목적	모크테끼	目的

말해 보아요!

관광	으로	왔습니다
칸_코-	데	키마시따
観光	で	来ました

여행	으로	왔습니다
료코-	데	키마시따
旅行	で	来ました

출장	으로	왔습니다
슛쵸-	데	키마시따
出張	で	来ました

친척 방문	으로	왔습니다
신세끼 호-몬	데	키마시따
親戚訪問	で	来ました

職員
しょくいん

여권 보여 주세요.

파스포-토 미세떼 쿠다사이
パスポート見せてください。

한 솔

네, 　　여기요.

하이　　　도-조
はい、　どうぞ。

방문의 목적은 (무엇인가요)?

호-몬노 모크테끼와
訪問の目的は？

관광으로 　　왔습니다.

칸_코-데　　키마시따
観光で　　来ました。

센세, 도와주세요!

Q 센세, 입국심사에서 다른 질문은 안 하나요?

A 보통은 거의 질문 없이 진행되시반, 한 번씩 듣게 되는 질문을 정리해 보았어요.
아래의 표를 보면서 읽고 연습해 주세요.

어느 정도 체재하나요?	도노쿠라이 どのくらい	타이자이 시마쓰까 滞在しますか。
2박 3일입니다.	니하끄밋까 2泊3日	데쓰 です。
어디에 숙박하나요?	도꼬니 どこに	토마리마쓰까 泊まりますか。
힐튼 호텔입니다.	히르톤 호테루 ヒルトンホテル	데쓰 です。
직업은 무엇인가요?	오시고또와 お仕事は	난_데쓰까 何ですか。
학생입니다.	각세- 学生	데쓰 です。
주부예요.	슈후 主婦	데쓰 です。
회사원입니다.	카이샤잉 会社員	데쓰 です。

41

5분톡 여행 일본어
Part 1
여행 전 준비
JAPAN · 日本国

5분톡 여행 일본어
Part 2
일본 입국하기
JAPAN · 日本国

5분톡 여행 일본어
Part 3
숙박 하기
JAPAN · 日本国

5분톡 여행 일본어
Part 6
놀러 다니기
JAPAN · 日本国

5분톡 여행 일본어
Part 5
맛집 가기
JAPAN · 日本国

5분톡 여행 일본어
Part 4
교통 수단
JAPAN · 日本国

5분톡 여행 일본어
Part 7
편의점 가기
JAPAN · 日本国

5분톡 여행 일본어
Part 8
쇼핑 하기
JAPAN · 日本国

5분톡 여행 일본어
Part 9
위급 상황
JAPAN · 日本国

5분톡 여행 일본어
Mission Complete!
JAPAN · 日本国

5분톡 여행 일본어
Part 11
친구 사귀기
JAPAN · 日本国

5분톡 여행 일본어
Part 10
부탁 하기
JAPAN · 日本国

Part
3
숙박하기

엘리베이터에서 먼 방으로 부탁드려요.

호텔에 도착한 여러분! 체크인을 시작합니다. 여행으로 지친 몸을 푹 쉬게 하려면 아무래도 조용한 방이 좋겠지요? 그럴 때는 체크인 시에 한마디만 더해 주시면 된답니다.

エレベーターから遠い部屋でお願いします 에레베-타-까라 토-이 헤야데 오네가이시마쓰

준비운동 해 보아요!

□ 호텔	호테루	ホテル
□ 체크인	첵끄인	チェックイン
□ 여권	파스포-토	パスポート
□ 사인	사인	サイン
□ 엘리베이터	에레베-타-	エレベーター
□ ~로부터 /~에서	~까라	~から
□ 멀다	토-이	遠い
□ ~의	~노	~の
□ 방	헤야	部屋
□ 금연실	킨_엔_시쯔	禁煙室
□ 흡연실	키쯔엔_시쯔	喫煙室
□ 강이 보이는 방	카와가 미에루 헤야	川が見える部屋
□ 바다가 보이는 방	우미가 미에루 헤야	海が見える部屋
□ ~로	~데	~で
□ 부탁합니다	오네가이시마쓰	お願いします

말해 보아요!

엘리베이터
에레베-타-
エレベーター

로부터
까라
から

먼
토-이
遠い

방으로
헤야데
部屋で

부탁드려요 오네가이시마쓰 お願いします

강이
카와가
川が

보이는
미에루
見える

방으로
헤야데
部屋で

부탁드려요
오네가이시마쓰
お願いします

바다가
우미가
海が

보이는
미에루
見える

방으로
헤야데
部屋で

부탁드려요
오네가이시마쓰
お願いします

금연실로
킨_엔_시쯔데
禁煙室で

부탁드려요
오네가이시마쓰
お願いします

しょくいん
職員

어서 오세요.

이랏샤이마세
いらっしゃいませ。

안녕하세요.

곤니치와
こんにちは。

한 솔

체크인　　　　부탁드려요.

첵끄인　　　　오네가이시마쓰
チェックイン　お願いします。

저기,　　엘리베이터에서　먼 방으로　　부탁드려요.

아노-　　　에레베-타-까라　토-이 헤야데　오네가이시마쓰
あの～、エレベーターから 遠い部屋で　お願いします。

네, 알겠습니다.

하이 카시코마리마시따
はい、かしこまりました。

센세, 도와주세요!

Q 센세, 저는 정말이지 침대가 너무 헷갈려요. 정리해주세요.

A 아하! 사실 서노 자수 헷갈려요. 우리 이번 기회에 완벽하게 공부해 보아요.

싱글 베드 1인용 침대가 하나	싱그르 벳도 シングルベッド
트윈 베드 1인용 침대가 두 개	쯔인 벳도 ツインベッド
더블 베드 2인용 큰 침대가 하나	다브르 벳도 ダブルベッド
트리플 베드 1인용 침대가 세 개	토리푸르 벳도 トリプルベッド

저기요, 소시지가 없어요.

여행 첫날 아침이 밝았습니다. 아침을 든든하게 먹어야 여행도 알차게 하죠? 호텔 조식 뷔페에 내려가 볼까요? 어? 근데 내가 좋아하는 소시지가 다 떨어졌네요.

직원에게 말을 해야 할 것 같은데… 그럴 때는 큰 목소리로 **すみません** 스미마셍~ 이라고 외치고, **ソーセージがありません** 소-세-지가 아리마셍이라고 하면 된답니다. 참 쉽죠? 그럼 우리 연습해 볼까요?

준비운동 해 보아요!

☐ 저기요	스미마셍~	すみません
☐ 조식	쵸-쇼꾸	朝食
☐ 소시지	소-세-지	ソーセージ
☐ 해시포테이토	핫슈도포테토	ハッシュドポテト
☐ 샐러드	사라다	サラダ
☐ 과일	후루-쯔	フルーツ
☐ 계란프라이	메다마야끼	目玉焼き
☐ 반숙/완숙	한_쥬끄/칸_쥬끄	半熟 / 完熟
☐ 오믈렛	오므레쯔	オムレツ
☐ 빵	팡	パン
☐ 식빵	쇼끄팡	食パン
☐ 잼	쟈므	ジャム
☐ 밥	고항	ご飯
☐ 된장국	미소시루	みそしる
☐ 없어요	아리마셍	ありません

말해 보아요!

저기요
스미마셍~
すみません

소시지가
소-세-지가
ソーセージが

없어요
아리마셍
ありません

저기요
스미마셍~
すみません

밥이
고항가
ご飯が

없어요
아리마셍
ありません

저기요
스미마셍~
すみません

해시포테이토가
핫슈도포테토가
ハッシュドポテトが

없어요
아리마셍
ありません

저기요
스미마셍~
すみません

잼이
쟈무가
ジャムが

없어요
아리마셍
ありません

한 솔

저기요,   소시지가   없어요.

스미마셍~   소-세-지가   아리마셍

すみません、   ソーセージが   ありません。

職員(しょくいん)

네. 준비하겠습니다.

하이 쥰비시마쓰

はい、準備します。

(계란 코너 앞에서)

계란프라이   완숙으로   두 개   주세요.

메다마야끼   칸_쥬끄데   후타쯔   오네가이시마쓰

目玉焼き、   完熟で   二つ   お願いします。

네, 알겠습니다.

하이 카시코마리마시따

はい、かしこまりました。

센세, 도와주세요!

Q 센세, 호텔 시설을 이용하고 싶은데, 어떻게 물어봐야 하나요?

A 호텔에는 성말 다양한 시설이 있지요? 헬스장, 사우나, 수영장 등등. 다양한 시설의 일본어를 알아보고 질문하는 표현도 공부해 보아요.

헬스장	지므 ジム
사우나	사우나 サウナ
공중목욕탕	다이요끄죠- 大浴場
수영장	푸-르 プール
~는 몇 시부터 몇 시까지인가요?	~와 난_지까라 난_지마데데쓰까 〜は何時から何時までですか。

치약 하나 더 가져다주세요.

오늘 여행도 즐거웠나요? 온종일 돌아다니고 호텔 방으로 돌아오니, 갑자기 배가 고프네요. 그럴 때, 우리에게는 룸서비스가 있습니다. 어서 수화기를 들어 룸서비스 번호를 꾹 누르고 주문해 보세요. 음음- 목소리를 가다듬고, 여보세요~ 부터 해볼까요? 여보세요 는 일본어로 もしもし 모시모시 랍니다.

준비운동 해 보아요!

□ 룸서비스	루-므사-비쓰	ルームサービス
□ 여보세요	모시모시	もしもし
□ ~입니다만	데스가	~ですが
□ 샌드위치	산도잇치	サンドイッチ
□ ~랑	~토(또)	~と
□ 샐러드	사라다	サラダ
□ 부탁드립니다	오네가이시마쓰	お願いします
□ 타월	타오르	タオル
□ 칫솔	하브라시	歯ブラシ
□ 치약	하미가끼꼬	歯磨き粉
□ 면도기	카미소리	剃刀
□ 샤워 캡	샤와-캽쁘	シャワーキャップ
□ 베개	마쿠라	まくら
□ 비누	셋켄	石鹸
□ 하나 더	모-히토쯔	もう一つ

말해 보아요!

샌드위치
산도잇치
サンドイッチ

하나
히토쯔
一つ

가져다주세요
오네가이시마쓰
お願いします

치약
하미가끼꼬
歯磨き粉

하나 더
모-히토쯔
もう一つ

가져다주세요
오네가이시마쓰
お願いします

타월
타오르
タオル

두 개 더
모-후타쯔
もう二つ

가져다주세요
오네가이시마쓰
お願いします

비누
셋켄
石鹸

하나 더
모-히토쯔
もう一つ

가져다주세요
오네가이시마쓰
お願いします

職員

항상, 감사합니다. 룸서비스입니다.

이쯔모 아리가또-고자이마쓰 　　　　　　 루-므 사-비쓰데쓰
いつも、ありがとうございます。ルームサービスです。

한솔

여보세요. 　　　 **506호실** 　　 **입니다만,**

모시모시　　　고 마루 로끄 고-시쯔　　데쓰가
もしもし。　　506号室　　　 ですが、

샌드위치 　　 **하나** 　　 **가져다주세요.**

산도잇치　　　　히토쯔　　　오네가이시마쓰
サンドイッチ　　一つ　　 お願いします。

네, 알겠습니다.

하이 카시코마리마시따
はい、かしこまりました。

센세, 도와주세요!

Q 센세, 호텔 룸 넘버는 어떻게 말해야 하나요?

A 일단 숫자 말하기를 한 번 더 공부하고, 그리고 룸 넘버 말하기로 넘어가 볼까요?

0	1	2	3	4
제로·마루·레-	이찌	니	산_	욘_
ゼロ·まる·れい	いち	に	さん	よん
5	6	7	8	9
고	로끄	나나	하찌	큐-
ご	ろく	なな	はち	きゅう

방 번호를 말할 때 숫자 0은 **まる** 마루를 가장 일반적으로 씁니다. 예를 들어, 506호인 경우는 숫자 하나하나씩 말해서 오 영 육 호실 **506号室** 고마루 로끄 고-시쯔 라고 하면 된답니다. 연습해 볼까요?

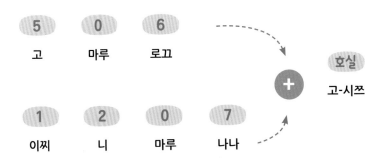

짐을 좀 맡겨도 될까요?

호텔에서 체크아웃하는 날입니다. 저녁 비행기라서 시간이 좀 비는데, 큰 캐리어를
여기저기 들고 다니기도 너무 번거롭죠? 그럴 때는 호텔에 짐을 맡기면 된답니다.
체크아웃 시에, 짐을 맡겨도 될까요? 라고 말해 볼까요?
일본어로는 **荷物を預けてもいいですか** 니모쯔오 아즈케떼모 이이데쓰까랍니다.

준비운동 해 보아요!

☐ 고객님	오캬쿠사마	お客様
☐ 체크아웃	첵끄아우또	チェックアウト
☐ 짐	니모쯔	荷物
☐ 가방	카방	かばん
☐ 캐리어(여행 가방)	스-쯔 케-스	スーツケース
☐ 하나	히토쯔	一つ
☐ 두 개	후타쯔	二つ
☐ 맡기다	아즈케루	預ける
☐ 맡다	아즈카루	預かる
☐ ~해도 될까요?	~떼모 이이데쓰까	~てもいいですか
☐ 돌아오다	모도루	戻る
☐ 예정	요테-	予定
☐ ~부터	~까라	~から
☐ ~까지	~마데	~まで

말해 보아요!

짐을
니모쯔오
荷物を

3시까지
산_지마데
3時まで

맡겨도 될까요?
아즈케떼모 이이데쓰까
預けてもいいですか

가방을
카방오
かばんを

5시까지
고지마데
5時まで

맡겨도 될까요?
아즈케떼모 이이데쓰까
預けてもいいですか

캐리어를
스-쯔 케-스오
スーツケースを

7시까지
시찌지마데
7時まで

맡겨도 될까요?
아즈케떼모 이이데쓰까
預けてもいいですか

한솔

체크아웃　　　　부탁드려요.

첵끄아우또　　　오네가이시마쓰
チェックアウト　お願いします。

しょくいん
職員

네, 고객님.

하이 오캭사마
はい、お客様。

저…　　　짐을　　　3시까지　　　맡겨도　　　될까요?

아노-　　니모쯔오　　산_지마데　　아즈케떼모　　이이데쓰까
あの~、荷物を　３時まで　預けても　いいですか。

네, 물론입니다.

하이 모찌론데쓰
はい、もちろんです。

센세, 도와주세요!

Q 센세, 숙소에서 리모컨 조작이 너무 힘들었어요.
리모컨에 적혀 있는 말들을 좀 알려 주세요.

A 그 마음 이해합니다. 공포스럽게도 리모컨에는 전부 한자로 쓰여 있답니다. 제일 힘들다는 의견이 많은 리모컨은 바로 에어컨 리모컨인데요. 우리 겁내지 말고 오늘은 한자를 기준으로 한 번 공부해 보아요.

운 텐
運転
운전: 스위치를 켠다는 의미

태- 시
停止
정지: 스위치를 끈다는 의미

죠 시쯔
除湿
제습: 습기를 제거함

온 도
温度
온도: 온도를 설정함

레- 보-
冷房
냉방: 차가운 바람이 나옴

단 보-
暖房
난방: 따뜻한 바람이 나옴

후- 코-
風向
풍향: 바람의 방향을 설정함

후- 료-
風量
풍량: 바람의 양을 설정함

59

이 단어는 꼭 알아야 해요.

01	고객님	
02	어른	
03	아이	
04	예약	
05	담요	
06	관광	
07	여행	
08	출장	
09	여권	
10	금연실	
11	부탁합니다	
12	조식	
13	밥	
14	치약	
15	짐	

01_ 오캬사마 お客様
02_ 오또나 大人
03_ 코도모 子供
04_ 요야꾸 予約
05_ 모-후 毛布
06_ 칸_코- 観光
07_ 료코- 旅行
08_ 슛쵸- 出張
09_ 파스포-토 パスポート
10_ 킨_엔_시쯔 禁煙室
11_ 오네가이시마쓰 お願いします
12_ 쵸-쇼꾸 朝食
13_ 고항 ご飯
14_ 하미가끼꼬 歯磨き粉
15_ 니모쯔 荷物

이 표현은 꼭 알아야 해요.

01   5월 16일 토요일 어른 한 명 예약 가능한가요?

➜ _____

02   콜라 주세요.

➜ _____

03   관광으로 왔습니다.

➜ _____

04   엘리베이터에서 먼 방으로 주세요.

➜ _____

05   저기요, 소시지가 없어요.

➜ _____

06   치약 하나 더 가져다주세요.

➜ _____

07   짐을 맡겨도 될까요?

➜ _____

01_ 고가쯔 쥬-로끄니찌 도요-비 오또나 히또리 요야끄 데끼마쓰까 5月 16日土曜日大人 1人予約できますか。 02_ 코-라 쿠다사이 コーラください。 03_ 칸_코-데 키마시따 観光で来ました。
04_ 에레베-타-까라 토-이 헤야데 오네가이시마쓰 エレベーターから遠い部屋でお願いします。
05_ 스미마셍 소-세-지가 아리마셍 すみません、ソーセージがありません。
06_ 하미가끼꼬 모-히토쯔 오네가이시마쓰 歯磨き粉もう一つお願いします。
07_ 니모쯔오 아즈케떼모 이이데쓰까 荷物を預けてもいいですか。

5분톡 여행 일본어
Part 1
여행 전
준비
JAPAN · 日本国

5분톡 여행 일본어
Part 2
일본
입국하기
JAPAN · 日本国

5분톡 여행 일본어
Part 3
숙박
하기
JAPAN · 日本国

5분톡 여행 일본어
Part 6
놀러
다니기
JAPAN · 日本国

5분톡 여행 일본어
Part 5
맛집
가기
JAPAN · 日本国

5분톡 여행 일본어
Part 4
교통
수단
JAPAN · 日本国

5분톡 여행 일본어
Part 7
편의점
가기
JAPAN · 日本国

5분톡 여행 일본어
Part 8
쇼핑
하기
JAPAN · 日本国

5분톡 여행 일본어
Part 9
위급
상황
JAPAN · 日本国

5분톡 여행 일본어
Mission
Complete!
JAPAN · 日本国

5분톡 여행 일본어
Part 11
친구
사귀기
JAPAN · 日本国

5분톡 여행 일본어
Part 10
부탁
하기
JAPAN · 日本国

Part
4
교통수단

전차로 갈 수 있나요?

두근두근 놀이공원에 가는 날이네요. 목적지까지 어떻게 가지? 앱도 다운받아 보고 지도도 보고 하지만, 초행길은 늘 어렵지요? 만약 교통편을 잘 모르겠다면, 호텔 프런트 데스크에 문의해 보세요. 아주 친절하게 대답해 준답니다. 자, 그럼 질문하는 법 공부하러 가볼까요?

준비운동 해 보아요!

☐	전차	덴_샤	電車
☐	지하철	치카테쯔	地下鉄
☐	버스	바스	バス
☐	택시	탁시-	タクシー
☐	걸어서	아루이떼	歩いて
☐	~까지	~마데	~まで
☐	~로(수단)	~데	~で
☐	갈 수 있나요?	이케마쓰까	行けますか
☐	여기에서	코꼬까라	ここから
☐	가장	이찌방	一番
☐	가까운	치까이	近い
☐	역	에끼	駅
☐	~은/는	~와	~は
☐	어디인가요?	도꼬데쓰까	どこですか

말해 보아요!

신주쿠까지
신쥬쿠마데
新宿まで

전차로
덴_샤데
電車で

갈 수 있나요?
이케마쓰까
行けますか

시부야까지
시부야마데
渋谷まで

지하철로
치카테쯔데
地下鉄で

갈 수 있나요?
이케마쓰까
行けますか

긴자까지
긴자마데
銀座まで

버스로
바스데
バスで

갈 수 있나요?
이케마쓰까
行けますか

하라주쿠까지
하라쥬쿠마데
原宿まで

걸어서
아루이떼
歩いて

갈 수 있나요?
이케마쓰까
行けますか

한 솔

안녕하세요.

곤니치와
こんにちは。

職員
しょくいん

안녕하세요.

곤니치와
こんにちは。

저… 시부야까지 전차로 갈 수 있나요?

아노- 시부야마데 덴_샤데 이케마쓰까
あの~、 渋谷まで 電車で 行けますか。

네, 고객님. 전차로 갈 수 있습니다.

하이 오캭사마 덴_샤데 이케마쓰
はい、お客様。電車で行けます。

아, 그래요?

아 소-데쓰까
あ、そうですか。

여기에서 가장 가까운 역은 어디인가요?

코꼬까라 이찌방 치까이 에끼와 도꼬데쓰까
ここから 一番 近い 駅は どこですか。

시나가와역입니다.

시나가와에끼데쓰
品川駅です。

센세, 도와주세요!

Q 센세, 일본의 전차나 지하철 출입구는 숫자가 아니에요.
좀 알려 주세요.

A 네, 맞아요. 일본의 전차와 지하철의 출입구는 한자로 표기되어 있답니다.
우리가 알고 있는 **동서남북** 으로 나타내고 있어요. 동서남북은 쉽게 익힐 수 있는
한자이니, 다들 한자로 공부해 보아요.

키타 구찌
北口
북쪽 출입구

4

니시 구찌
西口
서쪽 출입구

히가시 구찌
東口
동쪽 출입구

미나미 구찌
南口
남쪽 출입구

67

시부야역까지 가고 싶은데요.

호텔직원의 안내를 받아서 전차까지는 왔습니다. 어? 근데 너무 복잡하지요? 무엇을 타야 할지도 모르겠고, 눈이 뱅글뱅글 도는 것 같아요. 그럴 때는 당황하지 말고 역무원에게 질문하시면 된답니다. 정말 친절하게 대답해 주시거든요. 여러분이 말해야 할 것은 목적지의 역 이름인데요. **역** 은 일본어로 **駅** 에끼랍니다.

준비운동 해 보아요!

☐ ~역	~에끼	~駅
☐ ~까지	~마데	~まで
☐ 가고 싶다	이키따이	行きたい
☐ ~입니다만	데쓰가	~ですが
☐ ~입니다만	데쓰케도	~ですけど
☐ ~선	~센	~線
☐ ~방면	~호-멘	~方面
☐ ~를 타 주세요	~니 놋떼 쿠다사이	~に乗ってください
☐ 몇 분	난_뿐	何分
☐ 걸리나요?	카까리마쓰까	かかりますか
☐ 걸립니다	카까리마쓰	かかります

말해 보아요!

시부야역까지
시부야에끼마데
渋谷駅まで

가고 싶은
이키따인_
行きたいん

데요
데쓰케도
ですけど

도쿄역까지
토-쿄-에끼마데
東京駅まで

가고 싶은
이키따인_
行きたいん

데요
데쓰케도
ですけど

이케부쿠로 방면의
이케부쿠로 호-멘노
池袋方面の

전차를
덴_샤니
電車に

타 주세요
놋떼 쿠다사이
乗ってください

아사쿠사 방면의
아사쿠사 호-멘노
浅草方面の

전차를
덴_샤니
電車に

타 주세요
놋떼 쿠다사이
乗ってください

한솔

저기요.　시부야역까지　가고 싶은　데요.

스미마셍~　시부야에끼마데　이키따인_　데쓰케도
すみません。渋谷駅まで　行きたいん　ですけど。

駅員

네, 시부야역까지 말이죠.

하이 시부야에끼마데 데쓰네
はい、渋谷駅までですね。

네.

하이
はい。

여기에서 야마노테선 이케부쿠로 방면의 전차를 타 주세요.

코꼬까라 야마노테센 이케부쿠로 호-멘노 덴_샤니 놋떼 쿠다사이
ここから山手線池袋方面の電車に乗ってください。

몇 분　정도　걸리나요?

난_뿐　구라이　카까리마쓰까
何分　ぐらい　かかりますか。

20분 정도 걸려요.

니쥬뿐 구라이 카까리마쓰
20分ぐらいかかります。

70

센세, 도와주세요!

Q 센세, 무슨 센 무슨 센 엄청 많은데, 몇 개만 소개해 주시면 안 돼요?
진짜 중요한 걸로요.

A 도쿄에는 84개의 노선이 있답니다. 도쿄에 살면서도 다 타본 사람은 많지 않을
거예요. 그중에서도 메인이 되는 노선 몇 개만 소개해 볼게요.

야마노테 센
山手線

노선 색 : 초록색

도쿄의 2호선이랍니다. 중심이 되는 지역은 다 순회하는 순환 노선이에요.

긴 자 센
銀座線

노선 색 : 오렌지색

멋쟁이 노선이라고 불리는 긴자센은 패션피플들이 많이 타는데요. 명품쇼핑의
일번지 오모테산도역을 방문할 때 유용하답니다.

오 다 큐- 센
小田急線

노선 색: 파란색

도쿄 근교의 가장 유명한 온천지인 하코네까지 가는 노선이랍니다. 여독을 풀고
싶을 때, 오다큐-센을 타고 온천욕 하러 가 보아요.

무슨 역에서 환승하나요?

전차 왕국이라고도 불리는 일본. 전차를 타면 진짜 정신 바짝 차리고 있어야 한답니다. 바로 환승을 위해서인데요. 환승 은 일본어로 **乗り換え** 노리카에 라고 한답니다. 그럼 우리 환승하러 가볼까요?

준비운동 해 보아요!

□ 어느	도노	どの
□ 역	에끼	駅
□ 환승	노리카에	乗り換え
□ 환승하다	노리카에루	乗り換える
□ 환승하나요?	노리카에마쓰까	乗り換えますか
□ 환승해 주세요	노리카에떼 쿠다사이	乗り換えてください
□ 다음 역	쯔기노 에끼	次の駅
□ 내리다	오리루	降りる
□ 내려 주세요	오리떼 쿠다사이	降りてください
□ 타다	노루	乗る
□ 타 주세요	놋떼 쿠다사이	乗ってください

말해 보아요!

긴자역에서
긴자에끼데
銀座駅で

히비야선으로
히비야센니
口比谷線に

환승해 주세요
노리카에떼 쿠다사이
乗り換えてください

신주쿠역에서
신쥬쿠에끼데
新宿駅で

야마노테선으로
야마노테센니
山手線に

환승해 주세요
노리카에떼 쿠다사이
乗り換えてください

다음 역에서
쯔기노 에끼데
次の駅で

유라쿠초선으로
유-라쿠쵸-센니
有楽町線に

환승해 주세요
노리카에떼 쿠다사이
乗り換えてください

한 솔

저, 저기요. 롯폰기에 가고 싶은데요….

아노- 스미마셍~ 롯뽕기니 이키따인_데쓰케도

あの~、すみません。六本木に 行きたいんですけど。

隣の人

롯폰기까지 말이죠.

롯뽕기마데 데쓰네

六本木までですね。

긴자역에서 히비야선으로 환승해 주세요.

긴자에끼데 히비야센니 노리카에떼 쿠다사이

銀座駅で日比谷線に乗り換えてください。

긴자역 이군요.

긴자에끼 데쓰네

銀座駅 ですね。

네. 다음 역이에요.

하이 쯔기노 에끼데쓰요

はい。次の駅ですよ。

고맙습니다.

아리가또-고자이마쓰

ありがとうございます。

센세, 도와주세요!

Q 센세, 그럼 일본은 전차랑 지하철이 다른 거예요?

A 네, 전차와 지하철을 언겨하게 구분히는데요. 비행기랑 기차가 다르듯 전차와 지하철은 다른 것이랍니다. 그럼 일본의 열차 종류에 관해서 공부해 보아요.

제- 아르
JR

일본의 전차(電車)입니다. 전차는 지상으로만 달린답니다.

메 토 로
メトロ

일본의 지하철(地下鉄)입니다. 지하철은 지하로만 달린답니다.

시 테쯔
私鉄

사철입니다. 사철은 민간 기업이 운영하는 철도입니다.

오사카까지 창가 자리 편도로 주세요.

일본 열차의 또 하나의 즐거움, 신칸센 타기. 도쿄를 돌아봤다면 신칸센을 타고 간사이 지방 쪽으로 넘어가 볼까요? 밖의 풍경도 보고 싶으니 창가 자리가 좋겠죠? 창가 쪽 은 窓側 마도 가와 라고 말하면 된답니다. 역에서 파는 맛있는 도시락 인 駅弁 에끼벤 도 있으니 열차 타기 전에 구입하셔서 맛있게 다녀와 보아요.

준비운동 해 보아요!

☐ 신칸센	신_칸_센_	しんかんせん 新幹線
☐ 신오사카역	신_오-사카에끼	しんおおさかえき 新大阪駅
☐ ~까지	~마데	~まで
☐ 창가 쪽	마도 가와	まどがわ 窓側
☐ 통로 쪽	쯔-로 가와	つうろがわ 通路側
☐ 편도	카타미찌	かたみち 片道
☐ 왕복	오-후끄	おうふく 往復
☐ 어른	오또나	おとな 大人
☐ 아이	코도모	こども 子供
☐ 한 장	이찌 마이	いちまい 一枚
☐ 두 장	니 마이	にまい 二枚

말해 보아요!

신오사카역까지
신_오-사카에끼마데
新大阪駅まで

어른 한 장
오또나 이찌 마이
大人1枚

편도로
카타미찌데
片道で

부탁드려요 오네가이시마쓰 お願いします

하카타역까지
하카타에끼마데
博多駅まで

어른 두 장
오또나 니 마이
大人2枚

왕복으로
오-후끄데
往復で

부탁드려요 오네가이시마쓰 お願いします

신아오모리역까지
신_아오모리에끼마데
新青森駅まで

어른 한 장
오또나 이찌 마이
大人1枚

창가 자리로
마도 가와데
窓側で

부탁드려요 오네가이시마쓰 お願いします

가나자와역까지
카나자와에끼마데
金沢駅まで

어른 한 장
오또나 이찌 마이
大人1枚

통로 자리로
쯔-로 가와데
通路側で

부탁드려요 오네가이시마쓰 お願いします

職員
しょくいん

안녕하세요.

곤니치와
こんにちは。

한 솔

안녕하세요.

곤니치와
こんにちは。

신오사카역까지   어른 한 장   편도로   부탁드립니다.

신_오-사카에끼마데 오또나 이찌 마이 카타미찌데   오네가이시마쓰
新大阪駅まで   大人一枚   片道で   お願いします。

네. 신오사카역까지 어른 한 장 편도지요?

하이   신_오-사카에끼마데 오또나 이찌 마이 카타미찌데쓰네
はい。新大阪駅まで大人一枚片道ですね。

네.   저…   창가 자리로   부탁드려요.

하이   아노-   마도 가와데   오네가이시마쓰
はい。   あの~、   窓側で   お願いします。

네, 알겠습니다.

하이 카시코마리마시따
はい、かしこまりました。

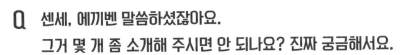

센세, 도와주세요!

Q 센세, 에끼벤 말씀하셨잖아요.
그거 몇 개 좀 소개해 주시면 안 되나요? 진짜 궁금해서요.

A 까아~ 식도락여행가 독자님, 물론입니다. 우선 **에끼벤**은요, **역 駅** 에끼 와 **도시락 弁当** 벤_또- 의 합성어로 **역 도시락** 이라는 뜻이에요. 모든 에끼벤은 도쿄역에서 판매하고 있으니 꼭 사서 신칸센을 타보세요. 그럼 참고가 되는 일본 내 에끼벤 랭킹 3를 소개해 드리겠어요. 다들 주~목!

えび千両ちらし 에비 센료- 치라시

다양한 해산물 도시락

커다란 계란말이 아래 장어, 오징어, 새우가 차례차례로 등장하며
완벽한 맛을 자랑하는 랭킹 1위의 도시락.

ますずし 마스즈시

송어 스시

살이 잘 오른 송어를 얹은 스시 도시락. 스시를 향기로운 대나무 잎으로 싸서 제공.
그 풍미가 정말 환상적임.

峠の釜めし 토-게노 카마메시

솥밥 형태의 도시락

1958년부터 존재한 전설의 에끼벤. 신선한 재료와 섬세한 맛으로 꾸준한 인기를
끌고 있는 도시락.

79

나리타 공항에 4시까지 도착할 수 있을까요?

아뿔싸! 시간을 잘못 계산해서 급히 택시를 탔습니다. 지금 서두르지 않으면 비행기를 놓쳐요. 기사님과 의사소통을 해야 하는데요. 마음은 급한데 입은 안 떨어지고, 너무 답답하죠? 여러분 따라 해 보세요. 쯔케마쓰까 이 표현이 도착할 수 있을까요? 랍니다.

준비운동 해 보아요!

☐ 택시	탁시-	タクシー
☐ 택시 승강장	탁시- 노리바	タクシー乗り場
☐ 공항	쿠-꼬-	空港
☐ 국제공항	콕사이 쿠-꼬-	国際空港
☐ 국제선	콕사이센	国際線
☐ 국내선	코끄나이센	国内線
☐ ~시	~지	~時
☐ ~까지	~마데니	~までに
☐ 도착하다	쯔쿠	着く
☐ 도착할 수 있나요?	쯔케마쓰까	着けますか
☐ 서두르다	이소구	急ぐ

말해 보아요!

하네다 공항에
하네다 쿠-꼬-니
羽田空港に

4시까지
요지마데니
4時までに

도착할 수 있을까요?
쯔케마쓰까
着りますか

나리타 공항에
나리타 쿠-꼬-니
成田空港に

2시까지
니지마데니
2時までに

도착할 수 있을까요?
쯔케마쓰까
着けますか

서둘러
이소이데
急いで

주시
모라에
もらえ

겠습니까?
마쓰까
ますか

지하철의
치카테쯔노
地下鉄の

쪽이
호-가
方が

빠릅니다
하야이데쓰
はやいです

한 솔

하네다 공항까지   부탁드려요.

하네다 쿠-꼬-마데   오네가이시마쓰
羽田空港まで   お願いします。

**うんてんしゅ
運転手**

네, 고객님. 하네다 공항까지군요.

하이 오캬사마   하네다 쿠-꼬-마데데쓰네
はい、お客様。羽田空港までですね。

하네다 공항에   4시까지   도착할 수 있을까요?

하네다 쿠-꼬-니   요지마데니   쯔케마쓰까
羽田空港に   4時までに   着けますか。

네, 고객님.

하이 오캬사마
はい、お客様。

센세, 도와주세요!

Q 센세, 일본에서 택시가 와서 손을 들었는데. 그냥 지나가는 거예요. 승차 거부 당한 것 같아서 기분 나빴어요. 왜 그래요?

A 아! 어떤 경우인지 이해했어요. 승차 거부가 아니랍니다. 택시가 오면 운전석 쪽에 빨간색 글씨가 보이는데요. 그 글씨가 지금 손님을 받을 수 있는지, 예약 차인지 나타내주는 글씨랍니다. 예약 차라면 아무리 손을 들어도 멈추지 않겠죠? 그럼 어서 공부해 보아요.

쿠-샤
空車

빈 차를 의미함(손 들면 멈춤)

친소-
賃走

손님이 타고 있음

카이소-
回送

영업소로 돌아가거나
운전수가 휴식 중으로 영업 불가능

게-샤
迎車

예약 손님을 태우러 가는 중

위에서 보셨듯, 空車 쿠-샤의 경우에만 택시가 선답니다. 택시를 탈 때 한자를 잘 보셔야 해요. 아니면, 택시 승강장에 가시면 쿠-샤들만 있으니 바로 탈 수 있답니다.

TEST
02

이 단어는 꼭 알아야 해요.

01	전차	
02	지하철	
03	버스	
04	택시	
05	환승	
06	창가 쪽	
07	통로 쪽	
08	편도	
09	왕복	
10	공항	

01_덴_샤 電車   02_치카테쯔 地下鉄   03_바스 バス   04_ 탁시- タクシー

05_노리카에 乗り換え   06_마도 가와 窓側   07_쯔-로 가와 通路側   08_카타미찌 片道

09_오-후꾸 往復   10_쿠-꼬- 空港

이 표현은 꼭 알아야 해요.

01 전차로 갈 수 있나요?

➡ _____

02 아사쿠사 방면의 전차를 타 주세요.

➡ _____

03 하카타역까지 어른 한 장 왕복으로 부탁드려요.

➡ _____

04 창가 자리로 주세요.

➡ _____

05 하네다 공항에 4시까지 도착할 수 있을까요?

➡ _____

01_덴_샤데 이케마쓰까 電車で行けますか。
02_아사쿠사 호-멘노 덴_샤니 놋떼 쿠다사이 浅草方面の電車に乗ってください。
03_하카타에끼마데 오또나 이찌 마이 오-후꾸데 오네가이시마쓰
博多駅まで大人1枚往復でお願いします。
04_마도 가와데 오네가이시마쓰 窓側でお願いします。
05_하네다 쿠-꼬-니 요지마데니 쯔케마쓰까 羽田空港に4時までに着けますか。

Part 1
여행 전
준비

Part 2
일본
입국하기

Part 3
숙박
하기

Part 6
놀러
다니기

Part 5
맛집
가기

Part 4
교통
수단

Part 7
편의점
가기

Part 8
쇼핑
하기

Part 9
위급
상황

**Mission
Complete!**

Part 11
친구
사귀기

Part 10
부탁
하기

Part
5
맛집 가기

13 몇 분이신가요?

여러분 솔직히 일본 가면 제일 많이 하는 게 맛집 탐방이잖아요? 잘만 찾아보면 정말
다양한 맛집이 일본 전역에 숨어 있답니다. 그럼 오늘부터 차근차근 맛집 정복을 위한
일본어를 공부해 볼까요? 일본 전역 어디를 가도 여러분에게 꼭 묻는 말이 있답니다.
그것은 몇 분이신가요? 何名様ですか 난메-사마데쓰까 인데요. 그럴 때 수줍게
손가락으로 말하지 말고 당당하게 일본어로 대답해 보아요.

준비운동 해 보아요!

□ 어서 오세요	이랏샤이마세	いらっしゃいませ
□ 몇 명	난_닝	何人
□ 몇 분 〈가게〉	난_메-	何名
□ 몇 분이세요? 〈가게〉	난_메- 사마데쓰까	何名様ですか
□ 한 분이세요? 〈가게〉	이찌메- 사마데쓰까	一名様ですか
□ 두 분이세요? 〈가게〉	니메- 사마데쓰까	二名様ですか
□ 한 명입니다 〈손님〉	히또리데쓰	一人です
□ 두 명입니다 〈손님〉	후따리데쓰	二人です
□ 금연석	킨_엔_세끼	禁煙席
□ 흡연석	키쯔엔_세끼	喫煙席
□ 상관없습니다	카마이마셍	かまいません

말해 보아요!

몇 분	이신가요?		한 명	입니다
난_메- 사마	데쓰까	⇒	히또리	데쓰
何名様	ですか		一人	です

한 분	이신가요?		아니요,	두 명입니다
이찌메- 사마	데쓰까	⇒	이-에	후따리데쓰
一名様	ですか		いいえ、	二人です

두 분	이신가요?		네,	두 명이요
니메- 사마	데쓰까	⇒	하이	후따리데쓰
二名様	ですか		はい、	二人です

금연석으로	괜찮으신가요?
킨_엔_세끼데	요로시-데쓰까
禁煙席で	よろしいですか

	네, 금연석으로	부탁드려요
⇒	하이 킨_엔_세끼데	오네가이시마쓰
	はい、禁煙席で	お願いします

89

店員
てんいん

어서 오세요. 몇 분이신가요?
이랏샤이마세 　　　　　 난_메- 사마데쓰까
いらっしゃいませ。何名様ですか。

한 솔

한 명　이에요.
히또리　　데쓰
一人　　です。

두 분이시군요.
니메- 사마데쓰네
二名様ですね。

아니요,　　한 명이에요.
　이-에　　　히또리데쓰
いいえ、　一人です。

아, 실례했습니다.
아 시쯔레-이따시마시따
あ、失礼いたしました。

좌석은 금연석이랑 흡연석이 있습니다만.
자세끼와 킨_엔_세끼또 키쯔엔_세끼가 고자이마쓰가
座席は禁煙席と喫煙席がございますが。

금연석으로　　　　　부탁드려요.
킨_엔_세끼데　　　　　오네가이시마쓰
禁煙席で　　　　　お願いします。

센세, 도와주세요!

Q 센세, 한 명, 두 명 말고도 좀 알려 주세요.

A 그럼 우리 한 분, 두 분이랑 한 명, 두 명이랑 다 해 보아요!

우리가 쓰는 말		가게에서 쓰는 말	
한 명	히또리 1人	한 분	이찌메- 사마 1名様
두 명	후따리 2人	두 분	니메- 사마 2名様
세 명	산_닝 3人	세 분	산_메- 사마 3名様
네 명	요닝 4人	네 분	욘_메- 사마 4名様
다섯 명	고닝 5人	다섯 분	고메- 사마 5名様
여섯 명	로끄닝 6人	여섯 분	로끄메- 사마 6名様
일곱 명	시찌닝 7人	일곱 분	시찌메- 사마 7名様
여덟 명	하찌닝 8人	여덟 분	하찌메- 사마 8名様
아홉 명	큐-닝 9人	아홉 분	큐-메- 사마 9名様
열 명	쥬-닝 10人	열 분	쥬-메- 사마 10名様

추천 요리는 무엇인가요?

드디어 가게에 입성하였습니다. 메뉴를 보는데, 음… 도무지 이게 뭔지 잘 모를 때 있죠? 그럴 땐 **한국어 메뉴(판) 있나요? 韓国語のメニューありますか** 칸_코끄고노 메뉴- 아리마쓰까 혹은 **추천 요리는 무엇인가요? お勧めの料理は** 오스스메노 료-리와 라고 물어보면 된답니다.

준비운동 해 보아요!

□ 저기요	스미마셍~	すみません
□ 영어	에-고	英語
□ 한국어	칸_코끄고	韓国語
□ 영어(의) 메뉴	에-고노 메뉴-	英語のメニュー
□ 한국어(의) 메뉴	칸_코끄고노 메뉴-	韓国語のメニュー
□ 있나요?	아리마쓰까	ありますか
□ 추천(의) 요리	오스스메노 료-리	お勧めの料理
□ 이 요리는	코노 료-리와	この料理は
□ 어떤 맛인가요?	돈나 아지데쓰까	どんな味ですか
□ 달아요?	아마이데쓰까	甘いですか
□ 매워요?	카라이데쓰까	辛いですか
□ 신가요?	습빠이데쓰까	すっぱいですか
□ 짠가요?	숍빠이데쓰까	しょっぱいですか
□ 양이 많나요?	료-가 오-이데쓰까	量が多いですか
□ 양이 적나요?	료-가 스쿠나이데쓰까	量が少ないですか

말해 보아요!

이 요리는
코노 료-리와
この料理は

단가요?
아마이데쓰까
甘いですか

이 요리는
코노 료-리와
この料理は

매운가요?
카라이데쓰까
辛いですか

이 요리는
코노 료-리와
この料理は

어떤
돈나
どんな

맛인가요?
아지데쓰까
味ですか

이 요리는
코노 료-리와
この料理は

양이
료-가
量が

많은가요?
오-이데쓰까
多いですか

이 요리는
코노 료-리와
この料理は

양이
료-가
量が

적은가요?
스쿠나이데쓰까
少ないですか

한 솔

저기요.
스미마셍~
すみません。

店員
てんいん

네, 고객님.
하이 오캭사마
はい、お客様。

한국어(의) 메뉴(판)　　　있나요?
칸_코끄고고노 메뉴-　　　아리마쓰까
韓国語のメニュー　　　ありますか。

네, 있습니다. 잠시만 기다려주세요.
하이 고자이마쓰　　　쇼-쇼- 오마찌쿠다사이
はい、ございます。少々お待ちください。

추천(의)　　　　요리는 (뭐예요)?
오스스메노　　　　료-리와
お勧めの　　　　料理は？

추천(의) 요리는 스키야끼 정식입니다.
오스스메노 료-리와 스키야끼 테-쇼끄데쓰
お勧めの料理はすき焼き定食です。

이 요리는　　　단가요?
코노 료-리와　　　아마이데쓰까
この料理は　　　甘いですか。

네, 조금 달아요.
하이 스코시 아마이데쓰
はい、少し甘いです。

센세, 도와주세요!

Q 센세, 맛 표현을 다양하게 알고 싶어요.
예를 들어 '느끼하다' 이런 거요.

A 맞아요. 처음 접하는 요리일 경우에는 맛이 어떤지 다양하게 묻고 답할 수 있으면 좋겠죠.

오이시-
おいしい

맛있다 (남/여 모두 사용)

우마이
うまい

맛있다 (남자만 사용)

니가이
苦い

쓰다

아부랏코이
あぶらっこい

느끼하다

야와라까이
やわらかい

부드럽다 (식감)

카따이
かたい

딱딱하다 (식감)

삿빠리 시떼이르
さっぱりしている

맛이 개운하다 · 담백하다

네바네바 스르
ねばねばする

끈적끈적하다 (낫또/해초)

저기요~ 이거 주세요.

이것저것 질문했다면, 이제 주문해 보아요. 주문은 우리가 계속 공부했던 표현을 쓰면 되는데요, ～주세요 기억하시나요? ～ください 쿠다사이를 붙이면 된답니다.
혹은, ～로 하겠습니다 ～にします ~니 시마쓰라는 표현도 있는데요. 둘 다 많이 쓰는 표현이니 열심히 연습해 보아요.

준비운동 해 보아요!

□ 음료	노미모노	飲み物
□ 디저트	데자-또	デザート
□ ～포함	～쯔끼	～付き
□ 세트 메뉴	셋또 메뉴-	セットメニュー
□ ～로 하시겠습니까?	～니 나사이마쓰까	～になさいますか
□ ～로 하겠습니다	～니 시마쓰	～にします
□ 빵/밥	팡/고항	パン/ご飯
□ 뜨거운 커피	홋또 코-히-	ホットコーヒー
□ 아이스 커피	아이스 코-히-	アイスコーヒー
□ 콜라	코-라	コーラ
□ 케이크	케-끼	ケーキ
□ 아이스크림	아이스크리-무	アイスクリーム
□ 식사	쇼꾸지	食事
□ 식사와 함께	쇼꾸지또 잇쇼니	食事と一緒に
□ 식사(의) 후에	쇼꾸지노 아또데	食事の後で

말해 보아요!

이것으로
코레니
これに

할게요
시마쓰
します

이 세트 메뉴는
코노 셋또 메뉴-와
このセットメニューは

음료 포함
노미모노 쯔끼
飲み物付き

인가요?
데쓰까
ですか

이 세트 메뉴는
코노 셋또 메뉴-와
このセットメニューは

디저트 포함
데자-또 쯔끼
デザート付き

인가요?
데쓰까
ですか

음료는
노미모노와
飲み物は

식사와 함께
쇼꾸지또 잇쇼니
食事と一緒に

부탁드립니다
오네가이시마쓰
お願いします

음료는
노미모노와
飲み物は

식사(의) 후에
쇼꾸지노 아또데
食事の後で

부탁드립니다
오네가이시마쓰
お願いします

한 솔

이 세트 메뉴는   음료 포함   인가요?

코노 셋또 메뉴-와   노미모노 쯔끼   데쓰까
このセットメニューは   飲み物付き   ですか。

てんいん
店員

네, 고객님. 음료 포함입니다.

하이 오꺄사마   오노미모노 쯔끼데쓰
はい、お客様。お飲み物付きです。

이걸로   할게요.

코레니   시마쓰
これに   します。

음료는 무엇으로 하시겠습니까?

오노미모노와 나니니 나사이마쓰까
お飲み物は何になさいますか。

아이스 커피로   하겠습니다.

아이스 코-히-니   시마쓰
アイスコーヒーに   します。

식사(의) 후에   부탁드려요.

쇼꾸지노 아또데   오네가이시마쓰
食事の後で   お願いします。

네, 알겠습니다.

하이 카시코마리마시따
はい、かしこまりました。

센세, 도와주세요!

Q 센세, 일본에서 이탈리안 레스토랑에 갔는데 진짜 메뉴판 보니깐 너무 힘들더라고요. 한국어 메뉴판도 없고요. 그럴 땐 어떻게 하면 좋죠?

A 이탈리안이라면 거의 가타카나로 표기되어 있어서 진짜 눈이 뱅글뱅글 돈답니다. 갑자기 가타카나를 전부 암기하는 것도 힘들고… 음! 그래요. 제가 아래에 한국인이 좋아하는 대표적인 이탈리안 요리를 가타카나로 써 드릴게요. 눈에 익혀서 가세요.

토마토 못쨔레라 치-즈 파스타
トマトモッツァレラチーズパスタ

토마토 모차렐라 치즈 파스타

마르게리-따
マルゲリータ

마르게리타 피자

카르보나-라
カルボナーラ

카르보나라 파스타

시-자-사라다
シーザーサラダ

시저 샐러드

이거 주문 안 했는데요?

주문한 요리를 기다리며 창밖도 보고 가게 인테리어도 보고 있는데, 막상 나온 음식은 내가 주문한 게 아니네요? 응? 뭐지? 저…저기요! 상상만 해도 많이 당황스럽죠? 자~ 우리 당황하지 말고 침착하게 말해 보아요.

이거 주문 안 했는데요? **これ頼んでないんですけど** 코레 타논_데 나인_데쓰케도

준비운동 해 보아요!

□ 이것	코레	これ
□ 그것	소레	それ
□ 저것	아레	あれ
□ 어느 것	도레	どれ
□ 주문	츄-몬	注文
□ 주문하다	츄-몬스르	注文する
□ 주문하다	타노무	頼む
□ 주문하지 않았는데요	타논_데 나인_데쓰케도	頼んでないんですけど
□ ~를 주문했는데요	~오 타논_단_데쓰케도	~を頼んだんですけど
□ 닭고기	토리니꾸	鶏肉
□ 소고기	규-니꾸	牛肉
□ 돼지고기	부타니꾸	豚肉

말해 보아요!

이 요리	주문하지	않았는데요
코노 료-리	타논_데	나인_데쓰케도
この料理	頼んで	ないんですけど

이 메뉴	주문하지	않았는데요
코노 메뉴-	타논_데	나인_데쓰케도
このメニュー	頼んで	ないんですけど

닭고기를	주문	했는데요
토리니꾸오	타논_	단_데쓰케도
鶏肉を	頼ん	だんですけど

소고기를	주문	했는데요
규-니꾸오	타논_	단_데쓰케도
牛肉を	頼ん	だんですけど

드디어, 실전이에요!

店員
てんいん

(음식을 건네며) 자, 여기요.

하이 도-조
はい、どうぞ。

한 솔

어?　　　이 요리　　　　주문하지 않았는데요.

아레　　　코노 료-리　　　　타논_데 나인_데쓰케도
あれ？　　この料理　　　頼んでないんですけど。

아, 그런가요? 실례했습니다(죄송합니다).

아 소-데쓰까　　　시쯔레-이따시마시따
あ、そうですか。失礼いたしました。

샐러드랑　　　닭고기를　　　　주문했는데요.

사라다또　　　토리니꾸오　　　타논_단_데쓰케도
サラダと　　　鶏肉を　　　　頼んだんですけど。

네, 고객님. 바로 확인하겠습니다.

하이 오캭사마　　　스구 카쿠닝_시마쓰
はい、お客様。すぐ確認します。

102

센세, 도와주세요!

Q 센세, 제가 고기를 엄청 좋아하거든요. 닭고기, 소고기 말고도
뭐가 있어요?

A 아! 고기 종류를 공부해 볼까요? 일본에서는 우리가 잘 먹지 않는 고기도 많이
먹는답니다. 예를 들면 멧돼지 고기가 있어요. 신선하죠?

토리니꾸 **鶏肉** 닭고기	카라아게 **から揚げ** 닭튀김	야끼토리 **焼鳥** 닭꼬치
규-니꾸 **牛肉** 소고기	와규- **和牛** 일본 소	
부타니꾸 **豚肉** 돼지고기	이노시시니꾸 **いのしし肉** 멧돼지 고기	
바니꾸 **馬肉** 말고기	바사시 **馬さし** 말 육회	라무 **ラム** 양고기

계산해 주세요.

주문한 음식을 맛있게 먹고, 계산하려고 합니다. 그런데 여러분 그거 아세요? 일본은
현금 위주의 사회라서 소규모 가게에서는 카드를 못 쓰는 경우도 있답니다. 그러니
계산 전에 꼭 물어보세요. 카드로 가능한가요? 라고요.

カードで 카-도데 가 **카드로** 이고, できますか 데끼마쓰까 가 **가능합니까?** 랍니다.

준비운동 해 보아요!

☐ 카드	카-도	カード
☐ 현금	겡_킨	現金
☐ ~로	~데	~で
☐ 지불 가능한가요?	하라에마쓰까	払えますか
☐ 계산(셈)	케-산	計算
☐ 계산(지불)	오칸죠-	お勘定
☐ 계산(지불)	오카이케-	お会計
☐ 부탁드립니다	오네가이시마쓰	お願いします
☐ ~만/뿐	~다케	~だけ
☐ ~만/뿐	~노미	~のみ
☐ 잘 먹었습니다	고치소-사마데시따	ごちそうさまでした

말해 보아요!

계산 오카이케- お会計	**부탁드려요** 오네가이시마쓰 お願いします
계산 오칸죠- お勘定	**부탁드려요** 오네가이시마쓰 お願いします
카드로 카-도데 カードで	**지불 가능한가요?** 하라에마쓰까 払えますか
현금으로 겡_킨데 現金で	**지불 가능한가요?** 하라에마쓰까 払えますか

현금
겡_킨
現金

만
다케
だけ

으로
니
に

되어 있습니다
낫떼 이마쓰
なっています

한 솔

계산　　　　　부탁드려요.

오카이케-　　　오네가이시마쓰
お会計　　　　お願いします。

店員

네, 고객님. 1300엔이에요.

하이 오캬쿠사마　　　센_산　뱌꼬엔데쓰
はい、お客様。1300円です。

카드로　　　　　　지불 가능한가요?

카-도데　　　　　　하라에마쓰까
カードで　　　　　　払えますか。

죄송합니다. 현금만으로 되어 있습니다.

모-시와케고자이마셍　　　겡_킨다케니 낫떼 오리마쓰
申し訳ございません。現金だけになっております。

아,　　그런가요?　여기　　　　1300엔입니다.

아　　소-데쓰까　　　하이　　센_산_뱌꼬엔데쓰
あ、そうですか。はい、　1300円です。

감사합니다.

아리가또-고자이마쓰
ありがとうございます。

잘 먹었습니다.

고치소-사마데시따
ごちそうさまでした。

TEST 03 이 단어는 꼭 알아야 해요.

01	몇 분	
02	몇 명	
03	금연석	
04	흡연석	
05	한국어 메뉴(판)	
06	추천 요리	
07	음료	
08	세트 메뉴	
09	식사 후에	
10	현금	

01_ 난_메- 何名(なんめい)　　02_ 난_닝 何人(なんにん)　　03_ 킨_엔_세끼 禁煙席(きんえんせき)　　04_ 키쯔엔_세끼 喫煙席(きつえんせき)

05_ 칸_코끄고노 메뉴- 韓国語(かんこくご)のメニュー　　　　06_ 오스스메노 료-리 お勧(すす)めの料理(りょうり)

07_ 노미모노 飲(の)み物(もの)　　　　08_ 셋또 메뉴- セットメニュー

09_ 쇼꾸지노 아또데 食事(しょくじ)の後(あと)で　　10_ 겡_킨 現金(げんきん)

시오 라멘 곱빼기로.

많은 분들이 일본에서 제일 먹고 싶어 하는 것 중의 하나가 바로 일본 라멘이죠. 그런데 막상 라멘 가게에 가보면 종류도 너무 많고 질문도 많이 하고 그래서 눈이 핑핑 도는데요. 우리 가기 전에 먼저 공부해 보아요. 소금 라멘은 塩ラーメン 시오 라-멘 곱빼기는 大盛 오-모리랍니다. 거기에 ~로 부탁합니다 를 붙이면? 시오 라멘 오-모리데 오네가이시마쓰 가 되겠네요.

준비운동 해 보아요!

☐ 된장 라멘	미소 라-멘	みそラーメン
☐ 소금 라멘	시오 라-멘	塩ラーメン
☐ 간장 라멘	쇼-유 라-멘	醤油ラーメン
☐ 보통	나미	並
☐ 곱빼기	오-모리	大盛
☐ 맥주	비-르	ビール
☐ 군만두	교-자	餃子
☐ 토핑	톱핑_그	トッピング
☐ 추가로	쯔이까데	追加で
☐ 차슈(돼지고기 구이)	챠-슈-	チャーシュー
☐ 계란	타마고	玉子
☐ 파	네기	ねぎ
☐ 김	노리	のり
☐ 없음	나시	なし

말해 보아요!

된장 라멘 미소 라-멘 みそラーメン	**보통으로** 나미데 並で	**부탁드려요** 오네가이시마쓰 お願いします
소금 라멘 시오 라-멘 塩ラーメン	**곱빼기로** 오-모리데 大盛で	**부탁드려요** 오네가이시마쓰 お願いします
추가로 쯔이까데 追加で	**교자도** 교-자모 餃子も	**부탁드려요** 오네가이시마쓰 お願いします

토핑은 톱핑_그와 トッピングは	**계란이랑** 타마고또 玉子と	**차슈로** 챠-슈-데 チャーシューで	**부탁드려요** 오네가이시마쓰 お願いします
토핑은 톱핑_그와 トッピングは	**김이랑** 노리또 のりと	**파로** 네기데 ねぎで	**부탁드려요** 오네가이시마쓰 お願いします

한 솔

저기요.　　소금 라멘　　보통으로　　부탁드려요.

스미마셍~　　시오 라-멘　　나미데　　오네가이시마쓰
すみません。塩ラーメン　並で　お願いします。

店員
てんいん

네. 고객님, 토핑은 어떻게 하시겠습니까?

하이　　오캭사마 톱핑_그와 도- 나사이마쓰까
はい。お客様、トッピングはどうなさいますか。

차슈랑　　　　　　파로　　　　　부탁드려요.

챠-슈-또　　　　네기데　　　　오네가이시마쓰
チャーシューと　ねぎで　お願いします。

추가로　　　　　맥주랑　　　　교자도.

쯔이까데　　　비-르또　　　교-자모
追加で　ビールと　餃子も。

네, 알겠습니다.

하이　카시코마리마시따
はい、かしこまりました。

센세, 도와주세요!

Q 센세, 근데 시오 라멘 이런 거 처음 보거든요. 맛 설명 가능할까요?

A 네! 알겠습니다. 그럼 일본의 라멘을 공부하러 가 보아요.

豚骨ラーメン 톤코츠 라-멘

とん 톤 은 **돼지**, こつ 코츠 는 **뼈** 를 나타내는 말이랍니다. 돼지 뼈를 우려낸 국물에 면을 넣어 먹는 라멘인데요. 가게에 따라 향이 강한 곳도 있답니다.

味噌ラーメン 미소 라-멘

기존 육수에 된장을 넣은 라멘. 일본 된장 특유의 부드러운 맛을 느낄 수 있는 라멘이에요.

塩ラーメン 시오 라-멘

塩(소금 염) 자를 쓰고 しお 시오 라고 읽으면 일본어로 소금이 된답니다. 곰탕에 소금을 더한 맛이랍니다.

醤油ラーメン 쇼-유 라-멘

일본식 간장 しょうゆ 쇼-유 로 맛을 낸 라멘이에요. 짭짤하고 담백해서 실패 없이 거의 성공하는 라멘 중에 하나랍니다.

つけ麺 쯔케멘

탱글탱글한 면발과 농축된 국물이 따로 나오는 메뉴. 면발을 국물에 찍어 먹는 형식으로, 일본어 **찍다** つける 를 써서 쯔케멘 이라고 불려요. 젊은이들 사이에 인기가 많은 메뉴랍니다.

생맥주 세 잔 주세요.

북적북적 사람들이 많은 밤거리 또한 일본 여행의 큰 즐거움입니다. 도시에 어둠이 내려오면 우리 모두 일본식 술집에 가 보아요. 일본식 술집은 居酒屋 이자카야 라고 한답니다. 우리가 흔히 말하는 사케 는 일본어로 술 을 의미해요. 그동안 마셔보고 싶었던 술을 주문하러 가볼까요?

준비운동 해 보아요!

☐ 이자카야	이자카야	居酒屋
☐ 일본주	니혼_슈	日本酒
☐ 매실주	우메슈	梅酒
☐ 생맥주	나마비-르	生ビール
☐ 병맥주	빈_비-르	瓶ビール
☐ 사와	사와-	サワー
☐ 한 잔	입_빠이	一杯
☐ 한 잔 더! (추가 주문)	오카와리	お代わり
☐ 물수건	오시보리	おしぼり
☐ 앞접시	토리자라	取皿
☐ 젓가락	오하시	お箸
☐ 숟가락	스푼-	スプーン
☐ 돗쿠리	톳쿠리	とっくり
☐ 일본식 술잔	오쵸코	おちょこ
☐ 나무 술잔	마스자케	ますざけ

말해 보아요!

저기요
스미마셍~
すみません

생맥주
나마비-르
生ビール

한 잔 더 (주세요)
오카와리 (쿠다사이)
お代わり（ください）

저기요
스미마셍~
すみません

매실주
우메슈
梅酒

한 잔 더 (주세요)
오카와리 (쿠다사이)
お代わり（ください）

저기요
스미마셍~
すみません

젓가락이
오하시가
お箸が

없는데요
나인_데쓰케도
ないんですけど

저기요
스미마셍~
すみません

앞접시가
토리자라가
取皿が

없는데요
나인_데쓰케도
ないんですけど

이 일본주
코노 니혼_슈
この日本酒

부탁드려요
오네가이시마쓰
お願いします

113

한 솔

저기요.   물수건이랑   젓가락이   없는데요.

스미마셍~   오시보리또   오하시가   나인_데쓰케도

すみません。おしぼりと   お箸が   ないんですけど。

てんいん
店員

네, 바로 준비하겠습니다.

하이 스구 쥰비이따시마쓰

はい、すぐ準備いたします。

저기요.   생맥주   한 잔   부탁드려요.

스미마셍~   나마비-르   입_빠이   오네가이시마쓰

すみません。生ビール   一杯   お願いします。

네, 알겠습니다.   (주방을 보며) 생맥 하나!

하이 카시코마리마시따   나마 히토쯔

はい、かしこまりました。生、一つ。

저기요.   생맥주   한 잔 더요.

스미마셍~   나마비-르   오카와리

すみません。生ビール   お代わり。

네.

하이

はい。

센세, 도와주세요!

Q 센세, 일본 술 종류에 관해 좀 더 자세하게 설명 부탁드려요.

A 네! 이자카야에서 자유자재로 주문하실 수 있도록 일본 술을 공부해 보아요.

生ビール 나마비-르

누구나 좋아하는 생맥주. 일본에서는 일단 술자리 첫 술은 **생맥 한 잔!**으로 통해요. 특유의 시원한 목 넘김으로 많은 관광객에게 사랑받는 술이랍니다.

サワー 사와-

탄산이 들어간 알코올 도수가 낮은 술이에요. 그냥 마시기보다는 레몬이나 오렌지 등의 과일즙을 넣어서 마시는 경우가 많답니다.

日本酒 니혼_슈

우리가 한국에서 흔히 사케 라고 부르는 술이에요. 아주 큰 병으로 팔기 때문에 병으로 시키지 않고 **잔**이나 **돗쿠리** 로 시키는 경우가 일반적이랍니다.

とっくり 톳쿠리

톳쿠리 는 **작은 술병** 을 의미하는데요. 위에 설명된 니혼_슈 를 소분해서 마실 때 사용한답니다. 같이 나오는 술잔은 오쵸코 라고 해요. 발음이 엄청 귀엽죠?

梅酒 우메슈

우메 는 **매실** 을 의미한답니다. 매실주인 만큼 달달하고 향기로워서 특히 여성분들에게 아주 인기가 많은 술이랍니다. 성공확률 100%인 술이지요.

맥주에 어울리는 안주는 뭐가 있나요?

술을 시켰으면 이제는 안주겠죠? 한국에도 맛있는 안주가 많지만, 일본의 이자카야는 그야말로 안주 천국이랍니다. 한국에서는 보기 힘든 독특한 안주들도 있으니 우리 공부하고 나서 여러 가지로 주문해 보아요. 아, 참. 안주 는 일본어로 **おつまみ** 오쯔마미 랍니다.

준비운동 해 보아요!

□ 술	오사케	お酒
□ 안주	오쯔마미	おつまみ
□ 줄기콩	에다마메	枝豆
□ 닭튀김	카라아게	から揚げ
□ 견과류	낫츠	ナッツ
□ 냉두부	히야얏꼬	冷奴
□ 문어 와사비	타코 와사비	たこわさび
□ 생선회	사시미	刺身
□ 튀김	텐_뿌라	天ぷら
□ ～모둠	모리아와세	盛り合わせ
□ 감자샐러드	포테토사라다	ポテトサラダ
□ ～에 어울리다	～니 아우	～に合う
□ 인기입니다	닝_끼데쓰	人気です

말해 보아요!

맥주에
비-르니
ビールに

어울리는
아우
合う

안주는
오쯔마미와
おつまみは

무엇이
나니가
何が

있나요?
아리마쓰까
ありますか

이 술에
코노 오사케니
このお酒に

어울리는
아우
合う

안주는
오쯔마미와
おつまみは

무엇이
나니가
何が

있나요?
아리마쓰까
ありますか

닭튀김은
카라아게와
から揚げは

어떠신가요?
이카가데쓰까
いかがですか

냉두부는
히야얏꼬와
冷奴は

어떠신가요?
이카가데쓰까
いかがですか

생선회(의)
사시미노
刺身の

모둠은
모리아와세와
盛り合わせは

어떠신가요?
이카가데쓰까
いかがですか

117

한 솔

이 술에　어울리는　안주는　무엇이　있나요?

코노 오사케니　아우　오쯔마미와　나니가　아리마쓰까
このお酒に　合う　おつまみは　何が　ありますか。

店員
てんいん

글쎄요. 닭튀김은 어떠신가요?

소-데쓰네　카라아게와 이카가데쓰까
そうですね。から揚げはいかがですか。

닭튀김이요?　　그거 주세요.

카라아게데쓰까　　소레 오네가이시마쓰
から揚げですか。　それお願いします。

알겠습니다.

카시코마리마시따
かしこまりました。

줄기콩도 인기예요.

에다마메모 닝_끼데쓰
枝豆も人気です。

그것도　　　　주세요.

소레모　　오네가이시마쓰
それも　　お願いします。

네. 감사합니다.

하이　　아리가또-고자이마쓰
はい。ありがとうございます。

센세, 도와주세요!

Q 센세, 저 일본 이자카야에 갔거든요. 메뉴가 거의 다 한자여서 너무 힘들었어요. 좀 쉽게 볼 수 있는 팁 같은 거 있나요?

A 이자카야는 현지인 손님을 대상으로 해서 한국어나 영어 메뉴도 없는 경우가 많답니다. 그럼 요리 방식이나 구성으로 나누어서, 기준이 되는 한자를 소개해 드릴게요.

입뼁	-아게
一品	**-揚げ**
한 종류의 안주가 나옴	튀김 요리

-야끼	사시미
-焼き	**刺身**
구이 요리	생선회

쇼꾸지	사라다
食事	**サラダ**
식사가 되는 요리	샐러드

소스 하나 소금 하나 주세요.

여러분 고기 좋아하시죠? 우리나라에 치킨이 있다면 일본에는 **닭꼬치** 야끼토리 가 있는데요. 하나하나 주문해서 먹는 맛이 일품이랍니다. 하지만 주문하는 법이 어려워서 다들 도전하길 주저하는데요. 오늘은 **닭꼬치** 와 **소고기** 에 관련된 단어를 공부하고 마스터해 보아요. 아자아자! 나도 야끼토리 먹을 수 있다!

준비운동 해 보아요!

☐ **고기 구운 것** (주로 소고기)	야끼니꾸	焼肉 (やきにく)
☐ **소고기**	규-니꾸	牛肉 (ぎゅうにく)
☐ **소갈비**	카르비	カルビ
☐ **소 혀**	탄	タン
☐ **등심**	로-스	ロース
☐ **안창살**	하라미	ハラミ
☐ **곱창**	호르몬	ホルモン
☐ **닭꼬치**	야끼토리	焼鳥 (やきとり)
☐ **닭 날개**	테바사끼	手羽先 (てばさき)
☐ **닭 다리**	모모	もも
☐ **닭 껍질**	카와	皮 (かわ)
☐ **닭 가슴살**	사사미	ササミ
☐ **닭 완자**	쯔쿠네	つくね
☐ **소스**	타레	タレ
☐ **소금**	시오	塩 (しお)

말해 보아요!

닭 날개 테바사키 手羽先	**소금으로** 시오데 塩で	하나 히토쯔 ひとつ
닭 다리 모모 もも	**소스로** 타레데 タレで	하나 히토쯔 ひとつ
닭 가슴살 사사미 ササミ	**소금으로** 시오데 塩で	하나 히토쯔 ひとつ
닭 껍질 카와 皮	**소스로** 타레데 タレで	하나 히토쯔 ひとつ

한 솔

저기요.　닭 가슴살 하나랑　닭 껍질 하나　주세요.

스미마셍~　　사사미 히토쯔또　　카와 히토쯔　오네가이시마쓰
すみません。ササミひとつと　皮ひとつ　お願いします。

店員(てんいん)

네, 고객님. 소스랑 소금이 있습니다만.

아이 오캭사마　　　디레또 시오가 교자이마쓰가
はい、お客様。タレと塩がございますが。

닭 가슴살은　　소금으로.

사사미와　　　시오데
ササミは　　　塩で。

닭 껍질은　　소스로.

카와와　　　타레데
皮は　　　タレで。

네, 알겠습니다. 음료는 (어떻게 하시겠습니까)?

하이 카시코마리마시따　　　오노미모노와
はい、かしこまりました。お飲み物は？

생맥주　　　주세요.

나마비-르　　쿠다사이
生ビール　　ください。

이 단어는 꼭 알아야 해요.

01	곱빼기	
02	보통	
03	추가로	
04	물수건	
05	앞접시	
06	젓가락	
07	안주	
08	~에 어울리다	
09	소고기	
10	닭꼬치	

01_ 오-모리 大盛(おおもり)　02_ 나미 並(なみ)　03_ 쯔이까데 追加(ついか)で　04_ 오시보리 おしぼり

05_ 토리자라 取皿(とりざら)　06_ 오하시 お箸(はし)　07_ 오쯔마미 おつまみ　08_ ~니 아우 ~に合(あ)う

09_ 규-니꾸 牛肉(ぎゅうにく)　10_ 야끼토리 焼鳥(やきとり)

와사비 빼고 주세요.

일본 하면 스시! 스시 하면 일본이죠? 본고장의 맛을 느끼기 위해 우리가 꼭 먹는 음식인데요. 회전 스시집에서 회전하고 있는 스시도 맛있지만 직접 주방장에게 하나하나 주문해서 먹는 스시 또한 아주 훌륭하답니다. 먼저 저기요~ **すみません** 스미마셍~ 이라고 한 뒤에, 참치 대뱃살 주세요 **大とろお願いします** 오-토로 오네가이시마쓰 라고 말하면 된답니다. 어떤 스시든 주문 가능하니 도전해 보자고요!

준비운동 해 보아요!

□ 스시 가게	스시야	寿司屋
□ 생선회	사시미	刺身
□ 젓가락	오하시	お箸
□ 간장	쇼-유	醤油
□ 녹차	오챠	お茶
□ 와사비	와사비	わさび
□ ~빼고	~누키데	~ぬきで
□ ~많게	~오-메데	~多めで
□ ~적게	~스쿠나메데	~少なめで
□ 스시용 밥	샤리	しゃり
□ 생선	사카나	魚
□ 조개	카이	貝
□ 새우	에비	えび
□ 오징어	이카	いか
□ 참치	마구로	まぐろ

말해 보아요!

새우 에비 えび	**밥 적게** 샤리 스쿠나메데 しゃり少なめで	**주세요** 오네가이시마쓰 お願いします
참치 중뱃살 츄-토로 中とろ	**와사비 빼고** 와사비 누키데 わさびぬきで	**주세요** 오네가이시마쓰 お願いします
오징어 이카 いか	**와사비 많게** 와사비 오-메데 わさび多めで	**주세요** 오네가이시마쓰 お願いします

참치 지방이 적은 부분을
아까미오
赤身を

생선회로
사시미데
刺身で

주세요
오네가이시마쓰
お願いします

한솔

참치 지방이 적은 부분　　와사비 빼고　　주세요.
아까미　　와사비 누키데　오네가이시마쓰
赤身　　わさびぬきで　お願いします。

店員
てんいん

네. 와사비 빼고 지요?
하이　와사비 누키데 데쓰네
はい。わさびぬきでですね。

네.　　저기요,　　간장이　　없어요.
하이　스미마셍~　쇼-유가　아리마셍
はい。　すみません、　醤油が　ありません。

네. 곧 가져다드리겠습니다.
하이　스구 오모찌이따시마쓰
はい。すぐお持ちいたします。

오징어, 밥 적게　　와사비 빼고　　주세요.
이카 샤리 스쿠나메데　와사비 누키데　오네가이시마쓰
いか、しゃり少なめで　わさびぬきで、お願いします。

네, 알겠습니다.
하이　카시코마리마시따
はい、かしこまりました。

126

센세, 도와주세요!

Q 센세, 일본 사람들은 어떤 스시를 자주 먹나요?

A 일본에서 인기 있는 스시가 궁금하군요. 그럼 일본인이 자주 먹는 스시를 알아볼까요?

サーモン 사-몬

사-몬 아시겠죠? 연어(salmon)랍니다. 우리나라에서도 매우 인기죠? 특히 여성분들에게 많이 사랑받는 스시랍니다.

まぐろ中とろ 마구로츄-토로

참치의 중뱃살입니다. 적당한 지방이 있어 풍미가 좋답니다. **대뱃살**은 大とろ 오-토로 라고 합니다.

えび 에비

에비 는 **새우**인데요. 에비 중에서도 甘えび 아마에비 가 인기입니다. 아마이 는 **달다** 라는 말이니, 달콤함이 느껴지는 새우겠죠?

まぐろの赤身 마구로노아까미

참치의 지방이 적은 부분을 의미하는 스시입니다. 지방이 적어 담백한 맛을 자랑합니다.

いくらの軍艦巻き 이쿠라노군칸마끼

이쿠라 는 **연어알** 인데요. 김으로 싼 밥 위에 크고 빨간 연어알을 얹은 마끼가 인기라고 하네요.

うなぎ 우나기

우나기 는 **장어** 입니다. 우리도 여름철 보양식으로 많이 먹죠? 일본의 장어는 약불에 은근히 구워내어 부드러운 식감이 일품이랍니다.

23

저는 새우 알레르기가 있어요.

저는 파인애플 알레르기가 있는데, 여러분은 어떤가요? 사람마다 못 먹는 것, 알레르기 반응을 보이는 것이 있는데요. 레스토랑에서 주문할 때는 꼭 물어보고 주문하도록 해요. 알레르기 는 일본어로도 アレルギー 아레르기- 라고 한답니다. 발음이 아주 닮았죠?

준비운동 해 보아요!

□ 알레르기	아레르기-	アレルギー
□ 있어요	아리마쓰	あります
□ 못 먹어요	타베라레마셍	食べられません
□ 들어 있나요?	하잇떼 마쓰까	入ってますか
□ 새우	에비	えび
□ 게	카니	かに
□ 땅콩	피-낫츠	ピーナッツ
□ 우유	규-뉴-	牛乳
□ 계란	타마고	玉子
□ 들어가 있지 않다	하잇떼 나이	入ってない
□ 요리	료-리	料理

말해 보아요!

새우	알레르기가	있어요
에비	아레르기-가	아리마쓰
えび	アレルギーが	あります

이 요리에	게가	들어 있나요?
코노 료-리니	카니가	하잇떼 마쓰까
この料理に	かにが	入ってますか

이 요리에	땅콩이	들어 있나요?
코노 료-리니	피-낫츠가	하잇떼 마쓰까
この料理に	ピーナッツが	入ってますか

계란이	들어가 있지 않은	요리는
타마고가	하잇떼 나이	료-리와
玉子が	入ってない	料理は

무엇이 있나요? 나니가 아리마쓰까 何がありますか

우유가	들어가 있지 않은	요리는
규-뉴-가	하잇떼 나이	료-리와
牛乳が	入ってない	料理は

무엇이 있나요? 나니가 아리마쓰까 何がありますか

129

드디어, 실전이에요!

한솔

이 요리에　　　　새우가　　　　들어가 있나요?

코노 료-리니　　　에비가　　　하잇떼 마쓰까
この料理に　　　えびが　　　入ってますか。

店員

네, 고객님. 조금 들어가 있습니다.

하이 오캭사마　　　　스코시 하잇떼 마쓰
はい、お客様。少し入ってます。

새우　　　알레르기가　　　있어서요.

에비　　　아레르기-가　　　아리마쓰
えび　　アレルギーが　　あります。

새우가　　들어가 있지 않은　　요리는　　무엇이 있나요?

에비가　　　하잇떼 나이　　료-리와　　나니가 아리마쓰까
えびが　　入ってない　　料理は　　何がありますか。

이 메뉴는 어떠신가요? 매우 인기가 있는 메뉴입니다.

코노 메뉴-와 이카가데쓰까
このメニューはいかがですか。

토떼모 닝_끼가 아루 메뉴-데쓰
とても人気があるメニューです。

새우는 일절 들어가 있지 않습니다.

에비와 잇사이 하잇떼 마셍
えびは一切入ってません。

그래요?　　　그럼 이걸로　　　할게요.

소-데쓰까　　　쟈- 코레니　　　시마쓰
そうですか。　じゃあ、これに　します。

센세, 도와주세요!

Q 센세, 알레르기가 있는데 실수로 먹었으면 어떻게 하죠? 몸이 엄청 가려울텐데, 그럴 땐 뭐라고 말해요?

A 아이쿠! 큰일이네요. 몸에서 알레르기 반응이 일어나면 병원이나 약국으로 뛰어가셔야 합니다. 부디 심각한 증상이 아니길 바라면서, 상황에 맞는 일본어를 알려 드릴게요.

새우	알레르기가	있는데
에비	아레르기-가	아루노니
えび	アレルギーが	あるのに

새우 요리를	한 시간 전에	먹었습니다.
에비 료-리오	이찌지칸 마에니	타베마시따
えび料理を	一時間前に	食べました。

몸이	가려워요.
카라다가	카유이데쓰
体が	かゆいです。

131

아이스 카페모카 휘핑크림 많이요.

요즘엔 또 예쁜 카페 찾아서 사진으로 남기는 게 대세잖아요. 거기다 커피도 맛있다면 금상첨화! 마시고 싶은 음료에 추가사항까지 다 말해서 궁극의 커피를 주문해 보아요. 아! 그런데요 여러분, 국가별로 메뉴가 다른 경우가 있어서 한국에서 자주 마시는 음료가 일본에는 없는 경우도 있답니다.

준비운동 해 보아요!

☐ 카페	카훼	カフェ
☐ 커피숍	코-히-숍_뿌	コーヒーショップ
☐ 찻집	킷_사뗀	喫茶店
☐ 핫	홋또	ホット
☐ 아이스	아이스	アイス
☐ 아메리카노	아메리카-노	アメリカーノ
☐ 라떼	카훼라떼	カフェラテ
☐ 카페모카	카훼모카	カフェモカ
☐ 추가	쯔이까	追加
☐ 생크림	나마크리-무	生クリーム
☐ 시럽	시롭뿌	シロップ
☐ 얼음	코-리	氷
☐ ~로	~데	~で
☐ 사이즈	사이즈	サイズ

말해 보아요!

아이스 아이스 アイス	**카페모카** 카훼모카 カフェモカ	**생크림** 나마크리-무 生クリーム	**많이** 오-메데 多めで
핫(따뜻한) 홋또 ホット	**카페모카** 카훼모카 カフェモカ	**생크림** 나마크리-무 生クリーム	**없이** 나시데 なしで
아이스 아이스 アイス	**아메리카노** 아메리카-노 アメリカーノ	**얼음** 코-리 氷	**많이** 오-메데 多めで
핫(따뜻한) 홋또 ホット	**라떼** 카훼라떼 カフェラテ	**더블** 다브르 ダブル	**샷으로** 숏또데 ショットで

店員
てんいん

안녕하세요. 주문하시겠어요?

곤니치와　　　고츄-몬와
こんにちは。ご注文は？

한 솔

안녕하세요.　아이스　카페모카　　생크림 없이로.

곤니치와　　　　아이스　　카훼모카　　나마크리-무 나시데
こんにちは。　アイス　カフェモカ　生クリームなしで。

사이즈는 어떻게 하시겠습니까?

사이즈와　도-　나사이마쓰까
サイズはどうなさいますか。

톨 사이즈로.

토-르 사이즈데
トールサイズで。

아,　그리고　　초코칩 추가로(요).

아　　소레까라　　쵸코칩뿌 쯔이까데
あ、それから　チョコチップ追加で。

134

센세, 도와주세요!

Q 센세, 일본 커피 메뉴 발음 좀 알려 주세요. 그리고 사이즈는 한국과 다른가요?

A 일본에는 쇼트, 톨, 그란데 사이즈가 있어요. **쇼트**는 쇼또, **톨**은 토-르, **그란데**는 한국어와 발음이 똑같답니다. 커피 메뉴 발음은 거의 다 가타카나예요. 아래의 표를 보면서 발음해 보아요.

캬라메르 마키아-또

キャラメルマキアート

캐러멜 마끼아또

호와이또 모카

ホワイトモカ

화이트 모카

후라페치-노

フラペチーノ

프라푸치노

아-르그레이

アールグレイ

얼그레이 티

135

여기서 제일 맛있는 케이크가 뭔가요?

맛있고 예쁜 케이크 가게에 입성~! 종류가 너무 많으면 고르기 너무 힘들죠? 그럴 때는 점원에게 물어보면 아주 친절하게 대답해 준답니다. 이 가게에서 제일 맛있는 케이크는 뭐죠? 라고 물어보세요. 가장 / 제일 은 일본어로 一番 이찌방 이랍니다.

준비운동 해 보아요!

□ 디저트	데자-또	デザート
□ 디저트	스이-쯔	スイーツ
□ 빵	팡	パン
□ 케이크	케-끼	ケーキ
□ 쿠키	쿡_키-	クッキー
□ 빵집	팡_야	パン屋
□ 케이크집	케-끼야	ケーキ屋
□ 이 가게	코노 미세	この店
□ 제일	이찌방	一番
□ 인기의	닝_끼노	人気の
□ 맛있는	오이시-	おいしい
□ 무엇인가요?	난_데쓰까	何ですか
□ 매장 내	텐_나이	店内
□ 드시나요?	메시아가리마쓰까	召し上がりますか
□ 테이크아웃	모찌카에리	持ち帰り
□ 둘 다	료-호-	両方

말해 보아요!

이 가게에서
코노 미세데
この店で

제일
이찌방
一番

맛있는 케이크는
오이시- 케-끼와
おいしいケーキは

무엇인가요?
난_데쓰까
何ですか

이 가게에서
코노 미세데
この店で

제일
이찌방
一番

인기(의) 빵은
닝_끼노 팡와
人気のパンは

무엇인가요?
난_데쓰까
何ですか

매장 내에서
텐_나이데
店内で

드시나요?
메시아가리마쓰까
召し上がりますか

아니면
소레또모
それとも

테이크아웃
오모찌카에리
お持ち帰り

인가요?
데쓰까
ですか

→ **여기서(가게에서)**
코꼬데
ここで

먹을게요
타베마쓰
食べます

→ **테이크아웃**
모찌카에리
持ち帰り

할게요
마쓰
ます

137

한솔

저기요. 이 가게에서 제일 인기(의) 케이크는 무엇인가요?

스미마셍~ 코노 미세데 이찌방 닝_끼노 케-끼와 난_데쓰까

すみません。この店で 一番 人気の ケーキは 何ですか。

店員
てんいん

네, 고객님. 딸기 케이크와 몽블랑이에요.

하이 오캬사마 이찌고 케-끼또 몽_브랑데쓰

はい、お客様。いちごケーキとモンブランです。

그래요? 그럼, 둘 다 주세요.

소-데쓰까 쟈- 료-호- 오네가이시마쓰

そうですか。じゃあ、 両方 お願いします。

음료는 어떻게 하시겠습니까?

오노미모노와 도- 나사이마쓰까

お飲み物はどうなさいますか。

아이스 커피로.

아이스 코-히-데

アイス コーヒーで。

매장 안에서 드시나요? 아니면 테이크아웃인가요?

텐_나이데 메시아가리마쓰까 소레또모 오모찌카에리데쓰까

店内で召し上がりますか。それともお持ち帰りですか。

여기서 먹을게요.

코꼬데 타베마쓰

ここで 食べます。

센세, 도와주세요!

Q 저 진짜 디저트 좋아하는데요, 일본에서 꼭 먹어봐야 하는 디저트는 뭐가 있을까요? 센세 추천 디저트 같은 거 있나요?

A 저도 디저트를 아주 좋아하는데요. 일본에 가서 꼭 먹어야 하는 디저트 리스트! 지금부터 소개해 드리겠습니다.

푸링
プリン
푸딩

부드러운 식감을 좋아하는 일본에서 인기가 많은 디저트. 푸딩전문점에 가서 다양한 맛을 즐겨 보자.

도라야끼
どら焼き

밀가루 빵 사이에 팥앙금을 넣은 것

만화 주인공이 자주 먹는 그 빵. 요즘에는 팥앙금 말고도 녹차크림, 생크림 등 다양한 재료의 상품이 많다.

다이후끄
大福
일본식 찹쌀떡

한국의 찹쌀떡과 유사하다. 딸기 하나를 통째로 넣은 이찌고(딸기)다이후끄가 추천 메뉴.

안_미쯔
あんみつ

떡과 팥이 들어간 일본 전통 디저트

한천, 팥, 떡이 들어간 일본 전통 디저트. 아이스크림을 곁들여서 파르페 같은 느낌으로 먹는 경우가 많다.

이 단어는 꼭 알아야 해요.

01	젓가락	_____
02	간장	_____
03	~빼고	_____
04	새우	_____
05	게	_____
06	카페	_____
07	추가	_____
08	얼음	_____
09	케이크집	_____
10	둘 다	_____

01_ 오하시 お箸   02_ 쇼-유 醤油   03_ ~누키데 ~ぬきで   04_ 에비 えび

05_ 카니 かに   06_ 카훼 カフェ   07_ 쯔이까 追加   08_ 코-리 氷

09_ 케-끼야 ケーキ屋   10_료-호- 両方

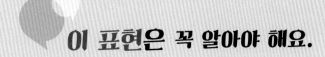

이 표현은 꼭 알아야 해요.

01 와사비 빼고 주세요.

➡

02 새우가 들어가 있나요?

➡

03 핫(따뜻한) 카페모카 생크림 없이.

➡

04 여기서 먹을게요.

➡

05 테이크아웃할게요.

➡

01_ 와사비 누키데 오네가이시마쓰 わさびぬきでお願いします。
02_ 에비가 하잇떼 마쓰까 えびが入ってますか。
03_ 홋또 카훼모카 나마크리-무 나시데 ホットカフェモカ生クリームなしで。
04_ 코꼬데 타베마쓰 ここで食べます。
05_ 모찌카에리마쓰 持ち帰ります。

이건
알고
가자 !

일본에 가면
꼭 보는 간판

일본에 가면 꼭 보는 간판

ドン・キホーテ
돈키호-테

이미 많이 알려진 '돈키호테'입니다. 이곳은 종합할인 매장 인데요. 의외로 득템할 수 있는 상품이 많으니 꼭 한번 들러 보시길 추천해 드려요. 줄여서 '돈키'라고도 합니다.

スシロー
스시로-

대형 회전스시 체인점입니다. 시즌별로 행해지는 각종
이벤트와 100엔으로 즐기는 스시가 있는 곳인데요.
일본 전역 여기저기에 있으니 지갑 부담 없이 스시를 즐기고
싶으시다면 강력 추천해 드립니다.

일본에 가면 꼭 보는 간판

吉野家
요시노야

규동을 중심으로 파는 대형 체인점입니다. 1899년에 문을 연 요시노야는 일본 여행 중에 참 많이 보게 되는 가게인데요. 가격도 저렴하니 규동 한 그릇 해 보시면 어떨까요?

すき家
스키야

스키야 역시 규동을 중심으로 판매하는 큰 체인점입니다.
요시노야와 함께 유명한 가게인데요. 1982년에 개업하여
현재까지 꾸준히 사랑받는 브랜드랍니다.

일본에 가면 꼭 보는 간판

ガスト
가스토

가스토는 패밀리 레스토랑입니다. 천 엔 정도면 스테이크도

먹을 수 있으니 한번 도전해 보는 건 어떨까요?

TSUTAYA
쯔타야

제일 궁금해하실 만한 간판이 여기라고 생각되는데요. 주요
도시에서 아주 큰 건물에 입점되어 있는 쯔타야는 DVD·음반
렌탈샵이랍니다. 관광객은 대여가 어렵지만 들어가서 구경은
가능하답니다.

일본에 가면 꼭 보는 간판

ビックカメラ

빅끄카메라

'카메라'이니까 카메라만 파는 가게인가? 할 수도 있지만, 빅끄카메라는 가전제품 소매 업체랍니다. 노트북부터 헤어드라이어까지 모든 가전제품을 갖추고 있답니다.

マツモトキヨシ

마쯔모토키요시

일본 약국 체인점 중 점포가 가장 많은 브랜드입니다.

약을 비롯한 생필품, 그리고 화장품까지 다양한 아이템을

판매하는 곳이랍니다. 꼭 한번 들러보세요.

일본에 가면 꼭 보는 간판

とんかつ
톤_카츠

왼쪽 네모 속 히라가나 보이시나요? 돈가스 가게를 찾으신다면 간판의 글자 とんかつ를 찾으세요.

ラーメン

라-멘

우리가 또 꼭 먹고 오는 게, 일본 라멘이잖아요. 라멘 가게를 찾으신다면 간판에 가타카나로 쓰인 ラーメン이라는 글자를 눈여겨보세요.

일본에 가면 꼭 보는 간판

焼肉
야끼니꾸

오늘 메뉴는 고기다!라고 생각하신다면 위에 쓰인 한자를 주목하셔야 하는데요. '焼(불사를 소)' '肉(고기 육)'이 쓰인 간판은 전부 고깃집이라고 생각하시면 된답니다.

やきとり
야끼토리

닭꼬치 가게입니다. 열심히 히라가나를 공부하고 가도 막상 간판을 보면 응? 이게 그 글자야? 하는 경우가 있지요. 'や[야]'의 경우 'や'로도 쓰이고요, 'り[리]'는 'り'로도 쓴답니다.

일본에 가면 꼭 보는 간판

お好み焼
오코노미야끼

이 메뉴도 많이 좋아하시죠? '**お好み**[오코노미]'는 '취향'

이라는 뜻인데요. 취향대로 '**焼**[야끼]' 구워 먹는 거랍니다.

'**焼**'는 야끼니꾸랑 똑같은 '불사를 소' 자를 사용한답니다.

うどん
우동

우동 가게는요, 히라가나로 표기된답니다. 'うどん'이라는

단어만 발견하시면 현지의 맛있는 우동을 드실 수 있답니다.

일본에 가면 꼭 보는 간판

カレー
카레-

카레 맛집도 많은 일본인데요, 카레는 가타카나로
'カレー'라고 표기한답니다.

カフェ
카훼

식사를 다 하셨으면, 커피 타임이죠? 카페는 물론 우리가 잘 아는 브랜드 카페도 있고, 혹은 영어로 'caffe'라고 표기하는 경우도 있지만, 사진 속의 간판처럼 가타카나로 'カフェ'라고 쓰인 경우도 많답니다. 글자를 읽고 찾아간다면 더 재미있겠죠?

5분톡 여행 일본어
Part 1
여행 전
준비
JAPAN · 日本国

5분톡 여행 일본어
Part 2
일본
입국하기
JAPAN · 日本国

5분톡 여행 일본어
Part 3
숙박
하기
JAPAN · 日本国

5분톡 여행 일본어
Part 6
놀러
다니기
JAPAN · 日本国

5분톡 여행 일본어
Part 5
맛집
가기
JAPAN · 日本国

5분톡 여행 일본어
Part 4
교통
수단
JAPAN · 日本国

5분톡 여행 일본어
Part 7
편의점
가기
JAPAN · 日本国

5분톡 여행 일본어
Part 8
쇼핑
하기
JAPAN · 日本国

5분톡 여행 일본어
Part 9
위급
상황
JAPAN · 日本国

5분톡 여행 일본어
Mission
Complete!
JAPAN · 日本国

5분톡 여행 일본어
Part 11
친구
사귀기
JAPAN · 日本国

5분톡 여행 일본어
Part 10
부탁
하기
JAPAN · 日本国

Part
6
놀러
다니기

어른 한 장입니다.

놀이공원에 가는 날. 신발은 제일 편한 걸로 준비하셨나요? 매표소에서 표를 사는 것부터 시작해 보아요. 앞 과에서 어른·어린이 표현 공부했었는데 기억하시나요? 어른은 **大人** 오또나, 어린이는 **子供** 코도모랍니다. 그럼 이제 당당하게 매표소에 가서 입장권을 사 보아요.

준비운동 해 보아요!

☐ 어른	오또나	おとな 大人
☐ 어린이	코도모	こども 子供
☐ 초등학생	쇼-각세-	しょうがくせい 小学生
☐ 중학생	츄-각세-	ちゅうがくせい 中学生
☐ 고등학생	코-코-세-	こうこうせい 高校生
☐ 대학생	다이각세-	だいがくせい 大学生
☐ 할인	와리비끼	わりびき 割引
☐ 시니어	시니아	シニア
☐ ～세(살)	～사이	さい ～歳
☐ 4세	욘_사이	さい 4歳
☐ 18세	쥬-핫사이	さい 18際
☐ 65세	로꾸쥬-고사이	さい 65歳
☐ 이상	이죠-	い じょう 以上
☐ 얼마입니까?	이쿠라데쓰까	いくらですか
☐ ～엔입니다	～엔데쓰	えん ～円です
☐ ～부터 ～까지	～까라 ～마데	～から～まで
☐ ～장	～마이	まい ～枚
☐ 티켓	치켓또	チケット

말해 보아요!

65세
로끄쥬-고사이
65歳

이상이
이죠-가
以上が

시니어
시니아
シニア

입니다
데쓰
です

18세
쥬-핫사이
18歳

이상이
이죠-가
以上が

어른
오또나
大人

입니다
데쓰
です

4살부터
욘_사이까라
4歳から

초등학생까지가
쇼-각세-마데가
小学生までが

어린이
코도모
子供

입니다
데쓰
です

어른
오또나
大人

한 장
이찌 마이
一枚

주세요
오네가이시마쓰
お願いします

학생
각세-
学生

할인이
와리비끼가
割引が

있나요?
아리마쓰까
ありますか

163

한솔

안녕하세요.　　　몇 살부터가　　　어른인가요?

곤니치와　　　　난_사이까라가　　　오또나데쓰까
こんにちは。　　何歳からが　　　大人ですか。

スタッフ

18살 이상이 어른입니다.

쥬_핫시이 이죠-가 오또나데쓰
18歳以上が大人です。

대학생　　　　할인이　　　　있나요?

다이각세-　　와리비끼가　　아리마쓰까
大学生　　　割引が　　　ありますか。

일본(의) 대학만 가능합니다.

니혼_노 다이가꾸다케 데끼마쓰
日本の大学だけできます。

아,　　　그래요?

아　　　소-데쓰까
あ、　　そうですか。

어른　　한 장　　　주세요.

오또나　이찌 마이　　오네가이시마쓰
大人　　一枚　　　お願いします。

1500엔입니다.

센_고햐꾸엔데쓰
1500円です。

Memo

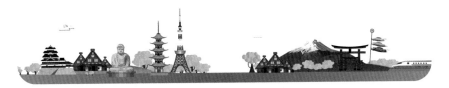

27 퍼레이드는 몇 시에 하나요?

놀이공원의 커다란 재미는 다양한 퍼레이드를 보는 것인데요, 몇 시에 어디에서 하는지 정확한 정보 파악이 필요합니다. 놀이공원 직원분들은 누구나 친절하니까요, 두려워 말고 질문해 보아요.

준비운동 해 보아요!

☐ 퍼레이드	파레-도	パレード
☐ 쇼	쇼-	ショー
☐ 몇 시	난_지	何時
☐ 어디	도꼬	どこ
☐ ~은/는	~와	~は
☐ ~이/가	~가	~が
☐ 실내(옥내)	오꾸나이	屋内
☐ 실외(옥외)	오꾸가이	屋外
☐ 광장	히로바	広場
☐ 극장	게끼죠-	劇場
☐ ~분간	~훈깐 · ~뿐깐	~分間 · ~分間
☐ ~시간	~지깐	~時間
☐ 하나요?	시마쓰까	しますか
☐ ~부터 ~까지	~까라 ~마데	~から~まで

말해 보아요!

퍼레이드는
파레-도와
パレードは

몇 시에
난_지니
何時に

어디에서
도꼬데
どこで

하나요?
시마쓰까
しますか

쇼는
쇼-와
ショーは

몇 시에
난_지니
何時に

어디에서
도꼬데
どこで

하나요?
시마쓰까
しますか

쇼는
쇼-와
ショーは

실내인가요?
오꾸나이데쓰까
屋内ですか

실외인가요?
오꾸가이데쓰까
屋外ですか

2시에
니지니
2時に

광장에서
히로바데
広場で

30분간
산_쥼뿐깐
30分間

합니다
시마쓰
します

쇼는
쇼-와
ショーは

극장에서
게끼죠-데
劇場で

한 시간
이찌지깐
1時間

합니다
시마쓰
します

한솔

저기요.

_{스미마셍~}
すみません。

해피퍼레이드는　　　　몇 시에　　어디에서　　하나요?

_{합삐-파레-도와　　　　난_지니　　도꼬데　　시마쓰까}
ハッピーパレードは　何時に　　どこで　しますか。

スタッフ

해피퍼레이드는 두 시에 메인 광장에서 합니다.

_{합삐-파레-도와 니지니 메인 히로바데 시마쓰}
ハッピーパレードは２時にメイン広場でします。

매직 쇼는　　　　몇 시에　　어디에서　　하나요?

_{마지끄 쇼-와　　난_지니　　도꼬데　　시마쓰까}
マジックショーは　何時に　　どこで　しますか。

세 시부터 극장에서 합니다.

_{산_지까라 게끼죠-데 시마쓰}
３時から劇場でします。

정말　　　　　고맙습니다.

_{도-모　　　　아리가또-고자이마쓰}
どうも　ありがとうございます。

센세, 도와주세요!

Q 센세, 일본어로 '분'을 말할 때요. 발음이 언제는 「훈」이 되고, 언제는 「뿐」이 되니까 너무 헷갈려요.

A 저도 기초 학습자 시절에 많이 틀렸던 부분이에요. 절대 헷갈리지 않도록 정확하게 공부해 보아요. 제일 많이 쓰는 5분 단위와 10분 단위로 정리해 보았어요.

〈 5분으로 끝나면 「훈」 〉

고훈
5分

쥬-고훈
15分

니쥬-고훈
25分

산_쥬-고훈
35分

〈10분으로 끝나면 「뿐」〉

쥽뿐
10分

니쥽뿐
20分

산_쥽뿐
30分

욘_쥽뿐
40分

169

노천탕이 붙어 있나요?

오늘 하루는 온천에 가서 푹 쉬며 여독을 풀어보면 어떨까요? 온천의 매력은 다양하겠지만, 저는 개인적으로 노천탕을 아주 좋아한답니다. 탁 트인 야외에서 자연을 느끼며 하는 노천 온천욕은 꼭 추천해 드리고 싶어요. **노천탕** 은 일본어로 露天風呂 로텐_부로 라고 한답니다.

준비운동 해 보아요!

☐ 온천	온센	温泉
☐ 여관	료칸	旅館
☐ 객실	캬끄시쯔	客室
☐ 제일 큰 목욕장	다이요끄죠-	大浴場
☐ ~탕	~부로	~風呂
☐ 노천탕	로텐_부로	露天風呂
☐ 남탕	오또꼬 유	男湯
☐ 여탕	온_나 유	女湯
☐ 뜨거운 물/~탕	유	湯
☐ 족욕	아시유	足湯
☐ 입욕제	뉴-요끄자이	入浴剤
☐ 당일치기 여행	히가에리 료코-	日帰り旅行
☐ 당일치기 목욕	히가에리 뉴-요끄	日帰り入浴
☐ 피부	하다	肌

말해 보아요!

당일치기 목욕
히가에리 뉴-요끄
日帰り入浴

가능한가요?
데끼마쓰까
できますか

족욕도
아시유모
足湯も

있나요?
아리마쓰까
ありますか

노천탕
로텐_부로
露天風呂

있나요?
아리마쓰까
ありますか

어느
도노
どの

탕이
오후로가
お風呂が

피부에
하다니
肌に

좋나요?
이이데쓰까
いいですか

171

한솔

안녕하세요.　　당일치기 목욕　　가능한가요?

곤니치와　　히가에리 뉴-요꾸　　데끼마쓰까

こんにちは。　日帰り入浴　　できますか。

店員

네, 가능합니다.

하이 데끼마쓰

はい、できます。

노천탕도　　　　있나요?

로텐_부로모　　아리마쓰까

露天風呂も　ありますか。

네. 세 개 있습니다.

하이　　밋쯔 아리마쓰

はい。３つあります。

세 개나　　있나요?　　　　대단하네요.

밋쯔모　　아리마쓰까　　스고이데쓰네

３つも　ありますか。　すごいですね。

어느　　　탕이　　　피부에　　좋은가요?

도노　　오후로가　　하다니　　이이데쓰까

どの　お風呂が　肌に　いいですか。

제일 유명한 미백탕이 피부에 좋습니다.

이찌방 유-메-나 비하꾸부로가 하다니 이이데쓰

一番有名な美白風呂が肌にいいです。

센세, 도와주세요!

Q 센세, 온천에서 꼭 사 와야 하는 쇼핑템이 있을까요? 온천 갔을 때 뭔가 너무 많아서 어떤 걸 사야 할지 몰라 많이 고민했었어요.

A 오~! 그 마음 이해합니다. 너무 많으면 또 고르기 힘들죠. 온천마다 특산품은 다르겠지만, 온천에 갔다면 꼭 사와야 하는 잇템이 있는데요. 지금부터 소개해 드릴게요.

온천 여행 쇼핑 잇템 대공개

뉴-요끄자이 **入浴剤** 입욕제	온천마다 유명한 온천수를 입욕제로 만들어 놓았답니다. 여행에서 돌아와서도 입욕제 한 봉지 탁 털어 넣고 반신욕 하면 실제 온천욕을 하는 듯한 느낌을 낼 수 있어요.
온센 코스메 **温泉コスメ** 온천수로 만든 화장품	피부 미용에 좋은 온천수를 이용하여 만든 화장품이랍니다. 미스트라든지 화장수 같은 제품을 추천해 드려요.
셋켄 **石鹸** 온천 비누	지인들 선물로 제일 반응이 좋았던 아이템이에요. 온천의 좋은 성분을 담아 만든 비누로, 피부에도 순하게 작용해서 만족도가 높은 제품이랍니다.

이 팸플릿은 공짜인가요?

오늘은 우아하게 미술관 관람하는 날! 특히 도쿄에는 유명 전시회가 많이 열려서 그림 전시를 즐기는 분이라면 꼭 추천해 드려요. 전시회 간 것을 기념하기 위해서 팸플릿도 많이 구입하거나 들고 오시잖아요. 무료 팸플릿도 생각보다 많으니 꼭 질문해 보세요. 공짜 는 일본어로 ただ 타다랍니다.

준비운동 해 보아요!

☐ 미술관	비쥬쯔칸	美術館
☐ 박물관	하꾸부쯔칸	博物館
☐ 그림	에	絵
☐ 사진	샤신	写真
☐ 영상	도-가	動画
☐ 촬영	사쯔에-	撮影
☐ 금지	킨시	禁止
☐ 사진을 찍다	샤신오 토루	写真を撮る
☐ 영상을 찍다	도-가오 토루	動画を撮る
☐ 팸플릿	팜_흐렛또	パンフレット
☐ 공짜	타다	ただ
☐ 무료	무료-	無料
☐ 한국어	칸_코끄고	韓国語
☐ 영어	에-고	英語
☐ 오디오 가이드	온_세- 가이도	音声ガイド
☐ 있나요?	아리마쓰까	ありますか

말해 보아요!

이	팸플릿은	공짜	인가요?
코노	팜_흐렛또와	타다	데쓰까
この	パンフレットは	ただ	ですか

한국어(의)	팸플릿		있나요?
칸_코끄고노	팜_흐렛또		아리마쓰까
韓国語の	パンフレット		ありますか

한국어(의)	오디오 가이드		있나요?
칸_코끄고노	온_세- 가이도		아리마쓰까
韓国語の	音声ガイド		ありますか

영어(의)	오디오 가이드		있나요?
에-고노	온_세- 가이도		아리마쓰까
英語の	音声ガイド		ありますか

사진을	찍어도		되나요?
샤신오	톳떼모		이이데쓰까
写真を	撮っても		いいですか

드디어, 실전이에요!

한 솔

저기요.   한국어(의)   팸플릿   있나요?

스미마셍~   칸_코끄고노   팜_흐렛또   아리마쓰까
すみません。 韓国語の パンフレット ありますか。

職員
しょくいん

네, 이거예요.

하이 코레데스
はい、これです。

얼마인가요?

이쿠라데스까
いくらですか。

공짜예요.

타다데스
ただです。

그림(의)   사진을   찍어도   되나요?

에노   샤신오   톳떼모   이이데쓰까
絵の 写真を 撮っても いいですか。

죄송합니다만, 촬영은 금지입니다.

모-시와케고자이마셍가 사쯔에-와 킨시데쓰
申し訳ございませんが、撮影は禁止です。

네,   알겠습니다.

하이   와까리마시따
はい、 分かりました。

센세, 도와주세요!

Q 센세, 일본에서 미술관 가는 건 생각을 못 했어요. 혹시 추천할 만한 미술관 있을까요?

A 일본 미술관 정말 좋아요. 그림 보는 것 좋아하신다면 저는 가보는 것을 적극 추천합니다. 이름만 들으면 아는 거장들의 전시도 자주 열리는 편이랍니다. 제가 추천해 드릴 미술관은 두 곳입니다.

	위치: 도쿄 우에노역
코크리쯔 세-요- 비쥬쯔칸 **国立西洋美術館** 국립서양미술관	미술관 앞마당에 로댕의 [생각하는 사람]이 있어요. 서양 미술 거장들의 전시가 자주 열린답니다. 매주 월요일이 휴관이니 주의해 주세요.
	위치: 도쿄 롯폰기역
코크리쯔 신_ 비쥬쯔칸 **国立新美術館** 국립신미술관	커다란 파도를 닮은 건물부터 눈길을 끄는 이 미술관은 고전미술에서 현대미술을 아우르는 각종 전시가 열리는 곳이에요. 일본의 젊은 작가들의 전시도 볼 수 있답니다.

저기요, 여기에 앉아도 되나요?

벚꽃이 만개한 4월에 일본에 가셨다면, 꽃놀이를 빼놓을 수 없죠? 많은 일본인들은 하늘하늘 꽃잎이 떨어지는 나무 아래에서 도시락을 먹거나 맥주를 마신답니다. 꽃놀이 는 일본어로 花見 하나미라고 하는데요. 꽃 이 花 하나 그리고 보다 를 뜻하는 見る 미루가 합쳐진 말이랍니다. 그럼 우리 하나미 하러 가볼까요?

준비운동 해 보아요!

☐ 꽃놀이	하나미	花見
☐ 불꽃놀이	하나비	花火
☐ 벚꽃	사쿠라	桜
☐ 예쁘다	키레-다	きれいだ
☐ 예쁘네요	키레-데쓰네	きれいですね
☐ 매우/아주	토떼모	とても
☐ 도시락	오벤_또-	お弁当
☐ 앉다	스와루	座る
☐ ~해도 되나요?	~떼모 이이데쓰까	~てもいいですか
☐ 앉아도 되나요?	스왓떼모 이이데쓰까	座ってもいいですか
☐ 여기	코꼬	ここ
☐ 거기	소꼬	そこ
☐ 저기	아소꼬	あそこ
☐ 어디	도꼬	どこ
☐ 옆	토나리	隣

말해 보아요!

저기요 스미마셍~ すみません,	여기에 코꼬니 ここに	앉아도 스왓떼모 座っても	되나요? 이이데쓰까 いいですか

저기요 스미마셍~ すみません	옆에 토나리니 隣に	앉아도 스왓떼모 座っても	되나요? 이이데쓰까 いいですか

벚꽃이 사쿠라가 桜が	참 토떼모 とても	예쁘네요 키레-데쓰네 きれいですね

하늘이 소라가 空が	참 토떼모 とても	예쁘네요 키레-데쓰네 きれいですね

한솔

저기요. 옆에 앉아도 될까요?

스미마셍~ 토나리니 스왓떼모 이이데쓰까

すみません。 隣に 座っても いいですか。

隣の人

네. 앉으세요.

하이 도-조

はい。 どうぞ。

감사합니다.

아리가또-고자이마쓰

ありがとうございます。

벚꽃이 참 예쁘네요.

사쿠라가 토떼모 키레-데쓰네

桜が とても きれいですね。

그렇지요.

소-데쓰네

そうですね。

정말 예쁘네요.

혼_또-니 키레-데쓰네

本当にきれいですね。

센세, 도와주세요!

Q 일본 검색사이트에서 벚꽃 관련 뉴스를 봤는데요. 벚꽃이 핀 걸 엄청 자세하게 이야기하더라고요. 거의 못 알아들었는데, 설명해주실 수 있나요?

A 일본의 벚꽃놀이는 연중행사로 칠 만큼 크고 성대한데요. 온 국민이 꽃피는 걸 기다리고 있으니, 꽃이 어느 정도 개화했는지 설명해 준답니다. 자세한 것은 밑에 표를 보면서 이야기해 볼까요?

카이카 **開花**	산_부자키 **三分咲き**
개화: 꽃이 피기 시작함	약 30% 꽃이 핀 상태

고부자키 **五分咲き**	만_까이 **満開**
약 50% 꽃이 핀 상태	만개: 약 80% 이상 꽃이 핀 상태

이 옷 한 시간 대여하고 싶어요.

요즘 많이 하는 체험 중의 하나가 바로 기모노 입기 체험인데요. 마음에 드는 기모노를 대여해서 입고 일본의 유적지를 다니거나, 사진을 찍는다고 하네요. 학생들의 SNS에서도 자주 보았어요. 인생샷을 남길 수 있는 기회라고 하니 여러분도 꼭 도전해 보세요.

준비운동 해 보아요!

☐ 기모노/유카타	키모노/유카타	着物/浴衣
☐ 기모노 허리띠	오비	帯
☐ 무늬	가라	柄
☐ 꽃무늬	하나가라	花柄
☐ 컬러/색	이로	色
☐ 머리 장식	카미 카자리	髪飾り
☐ 화려하다	하데다	派手だ
☐ 수수하다	지미다	地味だ
☐ 베이지	베-쥬	ベージュ
☐ 핑크	핑_끄	ピンク
☐ 빨간색	아까	赤
☐ 보라색	무라사키	紫
☐ 파란색	아오	青
☐ 남색	콘_이로	紺色
☐ 렌탈 가능하다	렌_타루 데끼루	レンタルできる

말해 보아요!

빨간색(의)	꽃무늬(의)	기모노	있나요?
아까노	하나가라노	키모노	아리마쓰까
赤の	花柄の	着物	ありますか

핑크색(의)	벚꽃무늬(의)	기모노	있나요?
핑_끄노	사쿠라가라노	키모노	아리마쓰까
ピンクの	桜柄の	着物	ありますか

이 기모노	한 시간	렌탈	가능한가요?
코노 키모노	이찌지깐	렌_타루	데끼마쓰까
この着物	1時間	レンタル	できますか

더	화려한	기모노	있나요?
못또	하데나	키모노	아리마쓰까
もっと	派手な	着物	ありますか

한 솔

빨간색(의)   꽃무늬(의)   기모노   있나요?

아까노   하나가라노   키모노   아리마쓰까
赤の   花柄の   着物   ありますか。

店員

네, 있습니다. 이거예요.

하이 고자이마쓰   코찌라데쓰
はい、ございます。こちらです。

더   화려한   기모노   있나요?

못또   하데나   키모노   아리마쓰까
もっと   派手な   着物   ありますか。

물론입니다. 이것은 어떠신가요?

모찌론_데쓰   코레와 이카가데쓰까
もちろんです。これはいかがですか。

이거   예쁘네요.

코레   키레-데쓰네
これ、きれいですね。

두 시간   렌탈   가능한가요?

니지깐   렌_타루   데끼마쓰까
2時間   レンタル   できますか。

네, 가능합니다.

하이 데끼마쓰
はい、できます。

센세, 도와주세요!

Q 센세, 제가 일본에 가서 기모노 빌렸을 때요. 그때는 일본어를 잘 못해서 그냥 보고 예쁜 거 빌렸는데요. 근데, 무늬가 진짜 다양하게 많더라고요. 무늬에 무슨 의미 같은 거 있나요?

A 무늬가 가진 의미가 있습니다. 하지만 크게 작용하지는 않으니 보고 마음에 들고 예뻐 보이는 걸로 고르시면 된답니다. 그럼 기모노의 무늬와 의미에 대해서 조금 알아볼까요?

< 기모노의 무늬와 의미 >

츠루
鶴
학: '장수'를 의미

오-기
扇
부채: '밝은 미래'를 의미

사쿠라
桜
벚꽃: '풍요로움'과 '시작'을 의미

보탄
牡丹
모란: '고귀함', '아름다움'을 의미

츠바키
椿
동백: '고귀하고 신성함'을 의미

쵸-
蝶
나비: '건강한 성장'을 의미

185

TEST 06

이 단어는 꼭 알아야 해요.

01	어른	
02	아이	
03	할인	
04	퍼레이드	
05	실내	
06	실외	
07	광장	
08	노천탕	
09	공짜	
10	꽃놀이	

01_ 오또나 大人   02_ 코도모 子供   03_ 와리비끼 割引   04_ 파레-도 パレード

05_ 오꾸나이 屋内   06_ 오꾸가이 屋外   07_ 히로바 広場   08_ 로텐_부로 露天風呂

09_ 타다 ただ   10_ 하나미 花見

이 표현은 꼭 알아야 해요.

01 어른 한 장 주세요.

➜ _____

02 퍼레이드는 몇 시에 어디에서 하나요?

➜ _____

03 당일치기 목욕 가능한가요?

➜ _____

04 노천탕 있나요?

➜ _____

05 이 팸플릿은 공짜인가요?

➜ _____

01_ 오또나 이찌마이 오네가이시마쓰　大人一枚お願いします。
02_ 파레-도와 난_지니 도꼬데 시마쓰까　パレードは何時にどこでしますか。
03_ 히가에리 뉴-요꼬 데끼마쓰까　日帰り入浴できますか。
04_ 로텐_부로 아리마쓰까　露天風呂ありますか。
05_ 코노 팜_흐렛또와 타다데쓰까　このパンフレットはただですか。

5분톡 여행 일본어
Part 1
여행 전
준비
JAPAN · 日本国

5분톡 여행 일본어
Part 2
일본
입국하기
JAPAN · 日本国

5분톡 여행 일본어
Part 3
숙박
하기
JAPAN · 日本国

5분톡 여행 일본어
Part 6
놀러
다니기
JAPAN · 日本国

5분톡 여행 일본어
Part 5
맛집
가기
JAPAN · 日本国

5분톡 여행 일본어
Part 4
교통
수단
JAPAN · 日本国

5분톡 여행 일본어
Part 7
편의점
가기
JAPAN · 日本国

5분톡 여행 일본어
Part 8
쇼핑
하기
JAPAN · 日本国

5분톡 여행 일본어
Part 9
위급
상황
JAPAN · 日本国

5분톡 여행 일본어
Mission
Complete!
JAPAN · 日本国

5분톡 여행 일본어
Part 11
친구
사귀기
JAPAN · 日本国

5분톡 여행 일본어
Part 10
부탁
하기
JAPAN · 日本国

Part
7
편의점
가기

★ DAY ★
32

일본의 편의점을 알아보자.

일본 여행할 때 꼭 들리는 그곳. 바로 편의점이죠? 오늘은 일본 편의점에 대해서
다루어 볼까 해요. 일본의 편의점 종류와 여러분들이 좋아하는 삼각김밥이나 빵 종류도
공부해 보아요. 준비되셨죠? 그럼 출발하겠습니다~!

편의점을 알아보아요!

편의점 은 일본어로 コンビニ 콤비니라고 합니다. 콤비니엔스 스토아의
줄임말로, 가타카나로 표기한답니다. 일본의 편의점 브랜드는 다양하게
있어요. 지역을 기반한 것, 전국구인 것, 여러 종류가 있지만, 지금부터 제가
소개해드릴 브랜드는 3대 브랜드랍니다. 각 브랜드마다 음식 맛이나 구성이 다
다르니 세 군데 모두 가보는 걸 추천해 드려요.

세븐 이레븐   화미리-마토   로-손

삼각김밥을 알아보아요

우리가 너무 좋아하는 삼각김밥. **삼각김밥**은 일본어로 **おにぎり** 오니기리랍니다. 오니기리는 포장지 앞쪽에 무엇이 들어가 있는지 쓰여 있는데요. 절대 추천하는 것들과 조금 주의해야 하는 오니기리를 소개해 드릴게요.

참치마요네즈

참치는 ツナ 쯔나, **마요네즈**는 마요 라고 해서 쯔나마요 라고 발음하시면 됩니다. 회로 먹는 참치는 마구로 이고요. 캔이 된 건 쯔나 라고 한답니다. 우리가 아는 딱 그 맛이에요.

연어

연어는 일본어로 鮭 사케 라고 하는데요. 오니기리에 들어가 있는 연어는 주로 구워서 들어가 있습니다. 담백한 맛을 자랑한답니다.

명란젓

명란젓은 めんたいこ 멘따이꼬 입니다. 일본의 멘따이꼬는 한국의 명란젓보다 맛이 조금 연한 것이 특징이랍니다.

다시마

여행 가서 제일 놀라는 오니기리가 이것인데요. 글자를 잘 기억하세요. 昆布 콘_부. **다시마**입니다. 다시마를 조리하여 오니기리 안에 넣은 형태인데요. 혹시 다시마에 거부감이 있다면 꼭 피하세요.

빵을 알아보아요

일본의 편의점 빵은 훌륭한 맛을 자랑한답니다. 편의점에 가시면 꼭 빵에 도전해 보세요. 빵은 일본어로 뭐였죠? 기억하고 계시나요? パン 팡이죠?

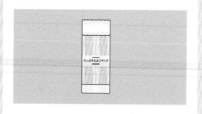

계란 샌드위치

인기 1위의 샌드위치인 계란 샌드위치 입니다. 여행자분들이 제일 좋아하는 것은 たっぷりたまごサンド 탓뿌리 타마고 산도 인데요. 탓뿌리 는 **듬뿍**, 타마고 는 **계란**, 산도 는 **샌드위치**라는 뜻입니다.

멜론빵

メロンパン 메론팡 은 겉모습이 멜론과 비슷해서 **멜론빵** 이라고 합니다. 맛은 우리의 소보로빵과 비슷하답니다.

소시지빵

은근히 마니아층을 가지고 있는 ソーセージパン 소-세-지팡.
빵 하나만으로 든든하게 요기가 되니 한번 꼭 시도해 보세요.

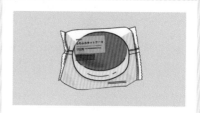

핫케이크

이번에 소개해 드릴 빵은 ホットケーキ 홋또 케-끼. 폭신폭신한 촉감 때문에 여성 여행자들에게 인기인 상품입니다. 커피와 함께 추천해 드려요.

센세, 도와주세요!

Q 센세, 음료도 좀 알려 주세요.

A 음료를 빼먹었네요. 음료 소개 갑니다. 음료의 종류는 너무 많아서요, 키워드가 되는 글자를 위주로 구성해 보았어요. 아래 글자가 들어가 있으면, 아~ 이런 종류의 음료구나!라고 유추해 보세요.

< 일본 편의점 음료 키워드 >

챠
茶
차

코-히-
コーヒー
커피

요-구르또
ヨーグルト
요구르트

미르크티-
ミルクティー
밀크티

스무-지-
スムージー
스무디

타피오카
タピオカ
타피오카 (버블)

손님, 데워드릴까요?

편의점에 가서 물건을 사면 점원들이 자꾸 질문을 하죠? 응?? 뭐지?? 하면서 머쓱하게
뒷걸음질 쳐 나오는 경우가 많은데요. 점원들이 하는 질문은 정해져 있답니다. 봉투나
젓가락 필요하신가요? 영수증 드릴까요? 데워드릴까요? 정도랍니다. 금방 공부할 수
있는 부분이니 오늘도 열심히 공부해 보아요!

준비운동 해 보아요!

□ 도시락	오벤_또-	お弁当
□ 샌드위치	산도잇치	サンドイッチ
□ 봉투	후꾸로	袋
□ 젓가락	오하시	お箸
□ 영수증	료-슈-쇼	領収書
□ 영수증	레시-또	レシート
□ 데우다	아따따메루	温める
□ 데우세요?	아따따메마쓰까	温めますか
□ 데워주세요	아따따메떼 쿠다사이	温めてください
□ 필요하다	이루	要る
□ 필요하세요?	이리마쓰까	要りますか
□ 필요해요	이리마쓰	要ります
□ 필요 없어요	이리마셍	要りません
□ 합계	고-케-	合計

말해 보아요!

도시락 오벤_또- お弁当	**데우세요?** 아따따메마쓰까 温めますか
샌드위치 산도잇치 サンドイッチ	**데우세요?** 아따따메마쓰까 温めますか
봉투 후꾸로 袋	**필요하세요?** 이리마쓰까 要りますか
젓가락 오하시 お箸	**드릴까요?** 쯔케마쓰까 つけますか
영수증 료-슈-쇼 領収書	**필요하세요?** 이리마쓰까 要りますか

店員
てんいん

합계 1700엔입니다.

고-케- 센_나나햐꼬엔데쓰
合計1700円です。

젓가락 드릴까요?

오하시 쯔케마쓰까
お箸つけますか。

한 솔

네,　　하나　　주세요.

하이　　히토쯔　　쿠다사이
はい、　一つ　ください。

영수증 필요하세요?

레시-또 이리마쓰까
レシート要りますか。

필요 없어요.

이리마셍
要りません。

이 단어는 꼭 알아야 해요.

01	참치마요네즈	
02	연어	
03	명란젓	
04	다시마	
05	봉투	
06	젓가락	
07	영수증	
08	데우세요?	
09	필요하세요?	
10	필요 없어요	

01_ 쯔나마요 ツナマヨ 02_ 사케 鮭 03_ 멘따이꼬 明太子 04_ 콘_부 昆布

05_ 후꾸로 袋 06_ 오하시 お箸 07_ 료-슈-쇼/레시-또 領収書/レシート

08_ 아따따메마쓰까 温めますか 09_ 이리마쓰까 要りますか

10_ 이리마셍 要りません

5분톡 여행 일본어
Part 1
여행 전
준비
JAPAN · 日本国

5분톡 여행 일본어
Part 2
일본
입국하기
JAPAN · 日本国

5분톡 여행 일본어
Part 3
숙박
하기
JAPAN · 日本国

5분톡 여행 일본어
Part 6
놀러
다니기
JAPAN · 日本国

5분톡 여행 일본어
Part 5
맛집
가기
JAPAN · 日本国

5분톡 여행 일본어
Part 4
교통
수단
JAPAN · 日本国

5분톡 여행 일본어
Part 7
편의점
가기
JAPAN · 日本国

5분톡 여행 일본어
Part 8
쇼핑
하기
JAPAN · 日本国

5분톡 여행 일본어
Part 9
위급
상황
JAPAN · 日本国

5분톡 여행 일본어
Mission
Complete!
JAPAN · 日本国

5분톡 여행 일본어
Part 11
친구
사귀기
JAPAN · 日本国

5분톡 여행 일본어
Part 10
부탁
하기
JAPAN · 日本国

Part
8
쇼핑하기

여성복 매장은 몇 층인가요?

두둥~! 드디어 쇼핑의 날입니다. 신발은 편한 것 신으셨나요? 완벽한 쇼핑을 위해서는 층별로 원하는 매장과 브랜드를 확인하고 난 후에 가는 것이 에너지를 최소화하는 방법이랍니다. 안내소에 가서 물어보세요. **몇 층**은 일본어로 **何階** 난_가이, **입니까?**는 **ですか** 데스까랍니다.

준비운동 해 보아요!

□ 여성복	레디-스홧숀	レディースファッション
□ 여성복	후진_후끄	婦人服
□ 남성복	멘즈홧숀	メンズファッション
□ 남성복	신_시후끄	紳士服
□ 어린이 옷	코도모후끄	子供服
□ 화장품	케쇼-힝	化粧品
□ 구두	쿠쯔	靴
□ 운동화	스니-카-	スニーカー
□ 가방	박끄	バッグ
□ 액세서리	악세사리-	アクセサリー
□ 매장	우리바	売り場
□ 면세	멘_제-	免税
□ 가능한가요?	데끼마쓰까	できますか
□ 몇 층	난_가이	何階
□ 엘리베이터	에레베-타-	エレベーター
□ 에스컬레이터	에스카레-타-	エスカレーター

말해 보아요!

여성복은
레디-스홧숀와
レディースファッションは

몇 층
난_가이
何階

인가요?
데쓰까
ですか

남성복은
멘즈홧숀와
メンズファッションは

몇 층
난_가이
何階

인가요?
데쓰까
ですか

구두
쿠쯔
靴

매장은
우리바와
売り場は

몇 층
난_가이
何階

인가요?
데쓰까
ですか

가방
박꾸
バッグ

매장은
우리바와
売り場は

몇 층
난_가이
何階

인가요?
데쓰까
ですか

店員
てんいん

어서 오세요. 안녕하세요.

・이랏샤이마세　　　　곤니치와
いらっしゃいませ。こんにちは。

한 솔

저…　　　　　여성복은　　　　　　몇 층 인가요?

이노　　　　레디-스핫숀와　　　난_가이　데쓰까
あの~、レディースファッションは　何階　ですか。

네, 고객님. 3층입니다.

하이 오캬쿠사마　　산_가이데 고자이마쓰
はい、お客様。3階でございます。

저…　　여기　　면세　　가능한가요?

아노-　　코꼬　　멘_제-　　데끼마쓰까
あの~、　ここ　　免税　　できますか。

네. 12층에서 가능합니다.

하이　　쥬-니까이데 데끼마쓰
はい。12階でできます。

알겠습니다.　　　　감사합니다.

와까리마시따　　　　아리가또-고자이마쓰
分かりました。　ありがとうございます。

센세, 도와주세요!

Q 센세, 센세가 생각하는 '일본에서 꼭 사 와야 하는 상품'이 있나요?

A 요즘에는 여기저기서 다양하게 정보를 찾아서 정말 야무지게 쇼핑해서 오시는데요. 음... 제가 생각하는 일본에서 쇼핑할 때 꼭 사야 하는 것은 바로 양말과 우산이라고 생각을 해요. 일본의 양말은 정말 다양한 종류가 있답니다. 발가락 하나하나마다 양말이 다 있을 정도예요. 그리고 우산은요, 일본은 정말 비가 많이 오는 나라라서 그런지 우산의 종류가 다양하답니다. **양말**은 靴下 쿠쯔시타, **우산**은 傘 카사예요.

Q 센세, 층별로 발음하는 거 알려 주세요.

A 네, 아래의 표를 참고하여 발음해 보아요.

1층	잇까이 1階		6층	롯까이 6階
2층	니까이 2階		7층	나나까이 7階
3층	산_가이 3階		8층	하찌까이 8階
4층	욘_까이 4階		9층	큐-까이 9階
5층	고까이 5階		10층	쥿까이 10階

203

35

에스 사이즈 있나요?

유명 브랜드 상점에 가서 옷 쇼핑 하는 날입니다. 평소 눈여겨봤던 티셔츠를 집었는데 원하는 사이즈가 없네요. 혹은 다른 색상을 원할 때도 있죠? 이럴 때는 점원과의 커뮤니케이션이 중요합니다. 여러분 이제는 잘 아시죠? 저기요~ 가 뭐다? 그렇죠! **すみません** 스미마셍. 점원에게 당당하게 질문해 보아요.

준비운동 해 보아요!

☐ 스몰 사이즈	에스 사이즈	エスサイズ
☐ 미디움 사이즈	에므 사이즈	エムサイズ
☐ 라지 사이즈	라-지 사이즈	ラージサイズ
☐ 다른 색상	이로찌가이	色違い
☐ 있나요?	아리마쓰까	ありますか
☐ 시착	시챠끄	試着
☐ 가능한가요?	데끼마쓰까	できますか
☐ 조금	스코시	少し
☐ 커요	오-키-데스	大きいです
☐ 작아요	치-사이데쓰	小さいです
☐ 길어요	나가이데쓰	長いです
☐ 짧아요	미지까이데쓰	短いです
☐ 더 큰 것	못또 오-키- 노	もっと大きいの
☐ 더 작은 것	못또 치-사이 노	もっと小さいの
☐ 더 긴 것	못또 나가이 노	もっと長いの

말해 보아요!

이거 코레 これ	**스몰 사이즈** 에스 사이즈 Ｔスサイズ	**있나요?** 아리마쓰까 ありますか
이거 코레 これ	**라지 사이즈** 라-지 사이즈 ラージサイズ	**있나요?** 아리마쓰까 ありますか
다른 색상 이로찌가이 色違い	**있나요?** 아리마쓰까 ありますか	
더 못또 もっと	**큰 것** 오-키- 노 大きいの	**있나요?** 아리마쓰까 ありますか
더 못또 もっと	**작은 것** 치-사이 노 小さいの	**있나요?** 아리마쓰까 ありますか

한솔

저기요. 이 티셔츠 스몰 사이즈 있나요?

스미마셍~ 코노 티-샤츠 에스 사이즈 아리마쓰까

すみません。このティーシャツ、エスサイズ ありますか。

店員
てんいん

잠시만 기다려주세요.

슈-슈- 우마찌 쿠다사이

少々お待ちください。

죄송합니다. 고객님, 스몰 사이즈는 없습니다.

모-시와케고자이마셍 오캬쿠사마 에스 사이즈와 고자이마셍

申し訳ございません。お客様、エスサイズはございません。

아 그래요? 그럼,

아 소-데쓰까 쟈-

あ、そうですか。じゃあ、

이 티셔츠는 다른 색상 있나요?

코노 티-샤츠와 이로찌가이 아리마쓰까

このティーシャツは 色違い ありますか。

네. 파란색이랑 흰색이 있습니다.

하이 아오또 시로가 고자이마쓰

はい。青と白がございます。

흰색 스몰 사이즈로 주세요.

시로 에스 사이즈데 쿠다사이

白、 エスサイズで ください。

센세, 도와주세요!

Q 센세, 일본에서 옷 쇼핑 하려고 하는데. 옷 종류별로 일본어로
뭐라고 하는지 좀 알려 주세요.

A 네, 옷 종류가 궁금하셨군요. 한국어랑 비슷한 것도 있고요, 완전히 다른 말도
있으니 꼭 공부하고 가서 쇼핑하세요.

반팔	한_소데 半袖	스커트	스카-토 スカート
긴팔	나가소데 長袖	니트	닛또 ニット
티셔츠	티-샤츠 ティーシャツ	원피스	완_피-스 ワンピース
셔츠	샤츠 シャツ	정장	스-츠 スーツ
블라우스	브라우스 ブラウス	재킷	쟈켓또 ジャケット
후드티	파-카- パーカー	코트	코-토 コート
바지	판_츠 즈봉 パンツ / ズボン	수영복	미즈기 水着

건성 피부용 크림 있나요?

우리가 또 화장품에 관심이 많잖아요? 화장품 은 일본어로 化粧品 케쇼-힝이에요.

가서 대충 보고 사지 말고, 매장에 가서 피부 타입도 이야기해 보고, 요즘 인기 있는

제품도 사용해 보면서 쇼핑해 보아요.

아! 그리고 오늘은 선물도 구입해 볼까요? 어머니 드릴 립스틱이나, 언니가 쓸

파운데이션도 같이 골라서 선물용으로 포장해 달라고도 말해 보아요.

준비운동 해 보아요!

☐ 건성 피부	칸소- 하다/도라이 하다	乾燥肌/ドライ肌
☐ 지성 피부	시세- 하다/오이리- 하다	脂性肌/オイリー肌
☐ 복합성 피부	콘_고- 하다	混合肌
☐ 화장수(스킨)	케쇼-스이	化粧水
☐ 크림	크리-무	クリーム
☐ 선크림	히야케도메	日焼け止め
☐ 클렌징 폼	센_간_호-무	洗顔フォーム
☐ 세럼/에센스	비요-에끼	美容液
☐ 찾고 있는데요	사가시떼 마쓰케도	探してますけど
☐ 향수	코-스이	香水
☐ 할인	와리비끼	割引
☐ 선물용	프레젠또요-	プレゼント用
☐ 비싸다	타까이	高い
☐ 싸다	야스이	安い
☐ 따로따로	베쓰베쓰니	別々に
☐ 함께	잇쇼니	一緒に

말해 보아요!

건성 피부용(의)
칸소- 하다요-노
乾燥肌用の

화장수(스킨)
케쇼-스이
化粧水

있나요?
아리마쓰까
ありますか

지성 피부용(의)
오이리- 하다요-노
オイリー肌用の

클렌징 폼
센_간_호-무
洗顔フォーム

있나요?
아리마쓰까
ありますか

엄마가 사용할
하하가 쯔까우
母が使う

크림을
크리-무오
クリームを

찾고
사가시떼
探して

있는데요
마쓰케도
ますけど

선물용으로
프레젠또요-데
プレゼント用で

부탁드려요
오네가이시마쓰
お願いします

따로따로
베쯔베쯔니
別々に

넣어
이레떼
入れて

주세요
쿠다사이
ください

209

한 솔

엄마가	사용할	크림을	찾고	있는데요.
하하가	쯔까우	크리-무오	사가시떼	마쓰케도
母が	使う	クリームを	探して	ますけど。

店員

어머님의 피부(의) 타입은…?

오카-사마노 오하다노 타이뿌와
お母様のお肌のタイプは？

건성 피부예요.

칸소- 하다데쓰
乾燥肌です。

이 크림은 어떠신가요?　지금 10% 할인 중입니다.

코노 크리-무와 이카가데쓰까　　　이마 쥼빠-센또 와리비끼 츄-데쓰
このクリームはいかがですか。今、10%割引中です。

할인인가요?	그거 주세요.
와리비끼데쓰까	소레 쿠다사이
割引ですか。	それください。
선물용으로	부탁드려요.
프레젠또요-데	오네가이시마쓰
プレゼント用で	お願いします。

센세, 도와주세요!

Q 센세, 본문에서 공부한 건 거의 기초 화장품인데요. 메이크업용 화장품도 좀 알려 주실 수 있나요? 부탁드려요.

A 네, 물론입니다. 메이크업 화장품은 거의 가타카나로 표기한답니다. 우리가 쓰는 표현이랑 비슷해서 말하기 쉬울 거예요.

매트 타입	맛또 타이뿌 マットタイプ	마스카라	마스카라 マスカラ
촉촉한 타입	싯또리 타이뿌 しっとりタイプ	붙이는 속눈썹	쯔케마쯔게 つけまつげ
메이크업 베이스	시타지 下地	아이섀도	아이샤도- アイシャドウ
파운데이션	환_데-숀 ファンデーション	아이브로우	아이브로- アイブロウ
컨실러	콘_시-라- コンシーラー	볼 터치	치-크 チーク
아이라이너	아이라이나- アイライナー	립스틱	쿠찌베니 口紅
뷰러	뷰-라- ビューラー	립밤	립뿌 크리-무 リップクリーム

한 사람당 몇 개 살 수 있나요?

일본 쇼핑리스트에서 빠질 수 없는 것은? 바로 약국 쇼핑이죠. 양배추 위장약, 동전 모양 파스 등 위시리스트 1위를 다투는 상품인데요. 요즘에는 1인당 구매 가능한 개수를 정해 놓았어요. 직원에게 한 사람당 몇 개 구매할 수 있는지 물어보고, 우리 쇼핑을 시작해 보아요.

준비운동 해 보아요!

☐ 약과 생활용품을 파는 곳	도락끄 스토아	ドラックストア
☐ 위장약	이쬬-야꾸	胃腸薬
☐ 안약	메 구스리	目薬
☐ 감기약	카제 구스리	風邪薬
☐ 설사약	게리 도메	下痢止め
☐ 기침약	세끼 도메	咳止め
☐ 건강보조제	사프리멘또	サプリメント
☐ 비타민제	비타민 자이	ビタミン剤
☐ 파스	십뿌	湿布
☐ 콜라겐	코라-겐	コラーゲン
☐ 안경 닦이	메가네 크리-나-	メガネクリーナー
☐ 1인당	히또리아따리	一人当たり
☐ 몇 개	난_꼬	何個
☐ 살 수 있나요?	카에마쓰까	買えますか
☐ 추천(의)	오스스메노	お勧めの

말해 보아요!

이 위장약은
코노 이쵸-야끄와
この胃腸薬は

1인당
히또리아따리
一人当たり

몇 개까지
난_꼬마데
何個まで

살 수 있나요? 카에마쓰까 買えますか

이 파스는
코노 십뿌와
この湿布は

1인당
히또리아따리
一人当たり

몇 개까지
난_꼬마데
何個まで

살 수 있나요? 카에마쓰까 買えますか

추천(의)
오스스메노
お勧めの

건강보조제는
사프리멘또와
サプリメントは

무엇인가요?
난_데쓰까
何ですか

추천(의)
오스스메노
お勧めの

콜라겐은
코라-겐와
コラーゲンは

무엇인가요?
난_데쓰까
何ですか

213

드디어, 실전이에요!

한솔

저기요. 추천(의) 파스는 무엇인가요?

스미마셍~ 오스스메노 십뿌와 난_데쓰까
すみません。 お勧めの 湿布は 何ですか。

店員
てんいん

네, 고객님. 이 상품입니다.

하이 오꺄사마 코노 쇼-힝데쓰
はい、お客様。この商品です。

이것 1인당 몇 개까지 살 수 있나요?

코레 히또리아따리 난_꼬마데 카에마쓰까
これ 一人当たり 何個まで 買えますか。

1인당 세 개까지 살 수 있습니다.

히또리아따리 산_꼬마데 카에마쓰
一人当たり３個まで買えます。

그럼 세 개 주세요.

쟈- 산_꼬 쿠다사이
じゃあ、 ３個 ください。

214

센세, 도와주세요!

Q 센세, 제가 드럭스토어 갔을 때는요. 계산할 때마다 자꾸 뭐라고 물어보더라고요. 포인트 뭐 어쩌고 이렇게 말하는 거 같은데 그거 뭔가요?

A 아마, 포인트 적립하시나요? 아니면 포인트 카드 있으신가요? 이런 질문일 거예요. 앞으로는 당황하지 않도록 표현을 공부해 보아요.

포인트 카드	가지고	계신가요?
포인_토 카−도	오모찌	데쓰까
ポイントカード	お持ち	ですか

포인트 카드	만들어	드릴까요?
포인_토 카−도	오쯔꾸리	시마쇼−까
ポイントカード	お作り	しましょうか

포인트	적립	하시나요?
포인_토	타메	마쓰까
ポイント	貯め	ますか

이거 환불 가능한가요?

즐겁게 쇼핑하고 호텔로 돌아왔어요. 오늘 쇼핑한 물건들을 쭉 정리하는데, 어? 물건이 부서져 있는 것을 발견했다면 환불을 받아야 하겠죠? 지금까지 한 공부 중에, 제일 외국어가 필요한 순간이 왔습니다. 매장에 가서서 침착하게 설명하시고 환불을 받아 볼게요. 걱정하지 말고, 우리 같이 공부를 시작해 보아요.

준비운동 해 보아요!

☐	환불	하라이모도시	払い戻し
☐	반품	헨_ 삥_	返品
☐	사이즈 교환	사이즈 코-칸_	サイズ交換
☐	가능한가요?	데끼마쓰까	できますか
☐	부서져 있어요	코와레떼 마쓰	壊れてます
☐	찢어져 있어요	야부레떼 마쓰	破れてます
☐	얼룩	시미	しみ
☐	스크래치	키즈	傷
☐	사이즈가 맞다	사이즈가 아우	サイズが合う
☐	사이즈가 안 맞다	사이즈가 아와나이	サイズが合わない
☐	전혀	젠_젠_	全然
☐	사용하다	쯔까우	使う
☐	사용하지 않았다	쯔까와 나깟따	使わなかった
☐	영수증	료-슈-쇼	領収書
☐	영수증	레시-또	レシート

말해 보아요!

이거	환불	가능한가요?
코레	하라이모도시	데끼마쓰까
これ	払い戻し	できますか

이거	반품	가능한가요?
코레	헨_삥_	데끼마쓰까
これ	返品	できますか

이거	사이즈 교환	가능한가요?
코레	사이즈 코-칸_	데끼마쓰까
これ	サイズ交換	できますか

여기가	찢어져	있어요
코꼬가	야부레떼	마쓰
ここが	破れて	ます

여기에	스크래치가	있어요
코꼬니	키즈가	아리마쓰
ここに	傷が	あります

한 솔

저기요.	이거	환불	가능한가요?
스미마셍~	코레	하라이모도시	데끼마쓰까
すみません。	これ	払い戻し	できますか。

여기에	심한	스크래치가	있어요.
코꼬니	히도이	키즈가	아리마쓰
ここに	ひどい	傷が	あります。

店員 (てんいん)

정말 죄송합니다.

타이헨_ 모-시와케고자이마셍
大変申し訳ございません。

영수증은 가지고 계신가요?

료-슈-쇼와 오모찌데쓰까
領収書はお持ちですか。

네,	여기 있습니다.
하이	코레데쓰
はい、	これです。

이 단어는 꼭 알아야 해요.

01	면세	
02	스몰 사이즈	
03	더 큰 것	
04	선물용	
05	따로따로	
06	위장약	
07	1인당	
08	환불	
09	반품	
10	사이즈 교환	

01_ 멘_제- 免税　　02_ 에스 사이즈 エスサイズ　　03_ 못또 오-키-노 もっと大きいの

04_ 프레젠또요- プレゼント用　　05_ 베쯔베쯔니 別々に　　06_ 이쵸-야꾸 胃腸薬

07_ 히또리아따리 一人当たり　　08_ 하라이모도시 払い戻し　　09_ 헨_삥_ 返品

10_ 사이즈 코-칸_ サイズ交換

219

5분톡 여행 일본어
Part 1
여행 전
준비
JAPAN · 日本国

5분톡 여행 일본어
Part 2
일본
입국하기
JAPAN · 日本国

5분톡 여행 일본어
Part 3
숙박
하기
JAPAN · 日本国

5분톡 여행 일본어
Part 6
놀러
다니기
JAPAN · 日本国

5분톡 여행 일본어
Part 5
맛집
가기
JAPAN · 日本国

5분톡 여행 일본어
Part 4
교통
수단
JAPAN · 日本国

5분톡 여행 일본어
Part 7
편의점
가기
JAPAN · 日本国

5분톡 여행 일본어
Part 8
쇼핑
하기
JAPAN · 日本国

5분톡 여행 일본어
Part 9
위급
상황
JAPAN · 日本国

5분톡 여행 일본어
Mission
Complete!
JAPAN · 日本国

5분톡 여행 일본어
Part 11
친구
사귀기
JAPAN · 日本国

5분톡 여행 일본어
Part 10
부탁
하기
JAPAN · 日本国

Part
9
위급 상황

과식해서 소화가 안돼요.

작년에, 주말에 갑자기 학생에게서 연락이 여러 통 왔어요. 너무 놀라서 봤더니, 일본에 여행을 갔는데, 학생 아버님이 소화불량으로 복통을 호소하고 계시더라고요. 급하게 이것저것 알려 드렸던 기억이 있어요. 여러분도 예외는 아니겠죠? 아플 때 요긴하게 쓰는 표현들 공부해 보아요. 자, 다들 집중!

준비운동 해 보아요!

□ 아프다	이따이	痛い
□ 배	오나까	お腹
□ 머리	아따마	頭
□ 목	쿠비	首
□ 목(편도)	노도	喉
□ 소화불량	이모따레	胃もたれ
□ 과식하다	타베스기루	食べすぎる
□ 병원	뵤-잉_	病院
□ 약국	약쿄끄	薬局
□ 근처	치카꾸	近く
□ 열이 있어요	네쯔가 아리마쓰	熱があります
□ 기침을 해요	세끼오 시마쓰	咳をします
□ 약을 먹다	쿠스리오 노무	薬を飲む
□ 약을 먹어 주세요	쿠스리오 논_데 쿠다사이	薬を飲んでください
□ 하루(에) 한 번	이찌니찌 잇까이	一日1回
□ 식전	쇼꾸젠	食前
□ 식후	쇼꾸고	食後

말해 보아요!

근처에
치카꾸니
近くに

병원이
보-잉_가
病院が

있나요?
아리마쓰까
ありますか

근처에
치카꾸니
近くに

약국이
약쿄끄가
薬局が

있나요?
아리마쓰까
ありますか

어제
키노-
昨日

부터
까라
から

배가
오나까가
お腹が

아파요
이따이데쓰
痛いです

어제
키노-
昨日

부터
까라
から

목(편도)이
노도가
喉が

아파요
이따이데쓰
痛いです

이 약을
코노 쿠스리오
この薬を

하루(에) 세 번
이찌니찌 산_까이
一日3回

식후
쇼끄고
食後

먹어 주세요
논_데 쿠다사이
飲んでください

한 솔

어제	과식해서	배가	아파요.
키노-	타베스기떼	오나까가	이따이데쓰
昨日	食べすぎて	お腹が	痛いです。

薬剤師

소화불량이네요.

이모따레데쓰네

胃もたれですね。

이 약을 하루(에) 세 번 식후에 먹어 주세요.

코노 쿠스리오 이찌니찌 산_까이 쇼꼬고니 논_데 쿠다사이

この薬を一日3回食後に飲んでください。

하루(에) 세 번	식후에	이군요.
이찌니찌 산_까이	쇼꼬고니	데쓰네
一日3回	食後に	ですね。

네, 그렇습니다.

하이 소-데쓰

はい、そうです。

센세, 도와주세요!

Q 센세, 다른 약 종류도 다 알려 주세요.

A 네. 아플 때는 참지 말고 꼭 약을 구매해서 먹도록 해요. 그럼 아래의 표를 보면서
공부해 보아요.

통증의 종류		약의 종류	
복통	후-끄쯔- 腹痛	알약	카프세르 カプセル
설사	게리 下痢	가루약	코나구스리 粉薬
두통	즈쯔- 頭痛	진통제	이따미도메 痛み止め
생리통	세-리쯔- 生理痛	소화제	이쵸-야꾸 胃腸薬
두드러기	진_마신 じんましん	지사제	게리도메 下痢止め
구내염	코-나이엔 口内炎	모기 기피제	무시요케 虫よけ

가방을 잃어버렸어요.

여행 중에 이것저것 생각하다 깜빡 가방이나 지갑을 지하철에 두고 내린 경험은 없으신가요? 그 가방에 여권까지 들어 있는 경우는 정말이지 등골이 선득해지는데요. 일단 침착하게 심호흡하시고, 가까운 역무원에게 가서 말하면 된답니다. 역무원에게 가서 물건을 두고 내렸어요 忘れ物をしました 와스레모노오 시마시따라고 말하면 가방을 다시 찾을 수 있답니다. 여러분, 지금부터 연습해 보아요.

준비운동 해 보아요!

☐ 가방	박끄	バッグ	
☐ 백팩	륙끄	リュック	
☐ 지갑	사이후	財布	
☐ 여권	파스포-토	パスポート	
☐ 파우치	포-치	ポーチ	
☐ 핸드폰	케-따이뎅_와	携帯電話	
☐ 스마트폰	스마호	スマホ	
☐ ～을/를	～오	～を	
☐ 물건을 두고 내렸어요	와스레모노오 시마시따	忘れ物をしました	
☐ 전차	덴_샤	電車	
☐ 지하철	치카테쯔	地下鉄	
☐ 택시	탁시-	タクシー	
☐ ～방면	～호-멘	～方面	
☐ ～선	～센	～線	
☐ ～의 안에	～노 나까니	～の中に	
☐ ～정도	～구라이	～ぐらい	

말해 보아요!

전차에 덴_샤니 電車に	**물건을** 와스레모노오 忘れ物を	**두고 내렸어요** 시마시따 しました
택시에 탁시-니 タクシーに	**물건을** 와스레모노오 忘れ物を	**두고 내렸어요** 시마시따 しました

시부야 방면(의) 시부야 호-멘노 渋谷方面の	**긴자선(의)** 긴자센노 銀座線の	**전차** 덴_샤 電車	**입니다** 데쓰 です
백팩(의) 안에 륙끄노 나까니 リュックの中に	**지갑이랑** 사이후또 財布と	**여권이** 파스포-토가 パスポートが	**있습니다** 아리마쓰 あります
가방(의) 안에 박끄노 나까니 バッグの中に	**파우치랑** 포-치또 ポーチと	**스마트폰이** 스마호가 スマホが	**있습니다** 아리마쓰 あります

한솔

전차에　　　물건을　　　두고 내렸어요.

덴_샤니　　와스레모노오　　시마시따
電車に　　忘れ物を　　しました。

시부야 방면(의)　긴자선(의)　전차 입니다.

시부야 호-멘노　　긴자센노　덴_샤　데쓰
渋谷方面の　　銀座線の　電車　です。

駅員

무엇을 잃어버렸나요?

나니오 와스레마시따까
何を忘れましたか。

가방요.　　이 정도의　검은색(의)　가방입니다.

박끄데쓰　　코노 구라이노　쿠로노　박끄데쓰
バッグです。 このぐらいの　黒の　バッグです。

가방(의) 안에는 무엇이 있나요?

박끄노 나까니와 나니가 아리마쓰까
バッグの中には何がありますか。

검은색(의)　지갑과　　한국(의) 여권이　　있어요.

쿠로노　　사이후또　칸_코끄노 파스포-토가　아리마쓰
黒の　　財布と　韓国のパスポートが　あります。

잠시만 기다려주세요. 확인해 보겠습니다.

쇼-쇼- 오마찌쿠다사이　카쿠닝_시떼 미마쓰
少々お待ちください。確認してみます。

센세, 도와주세요!

Q 센세, 가방을 묘사하는 일본어를 좀 더 알려 주세요.

A 맞아요. 물건을 잃어버렸을 때는 자신이 잃어버린 물건을 잘 묘사하면 더 빨리
찾을 수 있답니다. 그럼 연습해 볼까요?

검은색(의)	숄더	백
쿠로노	쇼르다-	박끄
黒の	ショルダー	バッグ

루이비통(의)	숄더	백
루이비통노	쇼르다-	박끄
ルイヴィトンの	ショルダー	バッグ

흰색(의)	에코	백
시로노	에코	박끄
白の	エコ	バッグ

★DAY★ 41

이거, 지진인가요?

안타깝게도, 일본은 지진이 참 많은 나라입니다. 그만큼 지진에 대비한 시설이나 매뉴얼도 참 잘 갖추어진 나라인데요. 지진을 많이 경험하지 못한 한국 사람에게는 너무나도 공포스러운 경험이지요. 오늘 공부는 만일을 대비해서 하는 공부랍니다.

지진은 일본어로 **地震** 지신이랍니다. 오늘은 지진과 각종 자연재해 상황에 대비하는 시간을 가져 보아요.

준비운동 해 보아요!

☐ 지진	지신	地震
☐ 태풍	타이후-	台風
☐ 쓰나미	쯔나미	津波
☐ 비	아메	雨
☐ 폭우	오-아메	大雨
☐ 눈	유키	雪
☐ 폭설	오-유키	大雪
☐ 진도	신_도	震度
☐ 바람	카제	風
☐ 강하다	쯔요이	強い
☐ 조심해 주세요	키오쯔케떼 쿠다사이	気をつけてください
☐ 피난	히난	避難
☐ 밖	소또	外
☐ 나가다	데루	出る

말해 보아요!

지진
지신
地震

인가요?
데쓰까
ですか

진도
신_도
震度

3의
산_노
3の

지진입니다
지신데쓰
地震です

태풍입니다
타이후-데쓰
台風です

밖에
소또니
外に

나가지 말아
데나이데
出ないで

주세요
쿠다사이
ください

폭우입니다
오-아메데쓰
大雨です

밖에
소또니
外に

나가지 말아
데나이데
出ないで

주세요
쿠다사이
ください

바람이
카제가
風が

강합니다
쯔요이데쓰
強いです

조심해
키오쯔케떼
気をつけて

주세요
쿠다사이
ください

드디어, 실전이에요!

한솔

지진　인가요?

지신　데쓰까
地震　ですか。

職員
しょくいん

네, 고객님. 진도 2의 지진입니다.

하이 오꺅사마　　신_도 니노 지신데쓰
はい、お客様。震度2の地震です。

어디에　　피난　　하나요?

도꼬니　　히난　　시마쓰까
どこに　避難　しますか。

객실이 안전합니다.

캬끄시쯔가 안_젠_데쓰
客室が安全です。

그런가요?　　알겠습니다.

소-데쓰까　　와까리마시따
そうですか。　分かりました。

232

센세, 도와주세요!

Q 센세, 일본 지진의 진도 기준은 뭔가요? 어느 정도 되면 위험한 수준인 거예요?

A 저도 일본에 처음 갔을 때, 땅이 흔들려서 깜짝 놀랐는데요. 주위에 무덤덤한 일본인의 반응에 한 번 더 놀랐던 기억이 있어요. 미진인 경우는 크게 신경 쓰지 않는답니다. 일본 지진의 진도 기준은 아래와 같아요.

〈 진도 기준 〉

신_도 이찌 **震度 1**	진노 1	실내에 있는 사람 일부가 미미한 진동을 느낀다.
신_도 니 **震度 2**	진도 2	실내에 있는 사람 대부분이 진동을 느낀다. 매달린 전등이 흔들린다.
신_도 산_ **震度 3**	진도 3	실내에 있는 사람 대부분이 진동을 느낀다. 선반의 그릇이 소리를 낸다.
신_도 욘_ **震度 4**	진도 4	자고 있는 사람이 진동을 느낀다. 집안의 물건이 넘어진다. 걷고 있는 사람도 진동을 느낀다.
신_도 고 **震度 5**	진도 5	가구가 움직이거나 선반의 그릇과 책이 떨어진다. 창문의 유리가 깨진다.
신_도 로꾸 **震度 6**	진도 6	서 있을 수 없다. 무거운 가구가 전부 넘어진다. 집의 문이 떨어진다.
신_도 나나 **震度 7**	진도 7	자신의 의지대로 움직일 수 없다. 산사태가 일어난다.

이 단어는 꼭 알아야 해요.

01	아프다	
02	약을 먹다	
03	지갑	
04	백팩	
05	지진	
06	태풍	
07	진도	
08	폭우	
09	폭설	
10	피난	

01_ 이따이 痛い   02_ 쿠스리오 노무 薬を飲む   03_ 사이후 財布   04_ 륙꾸 リュック

05_ 지신 地震   06_ 타이후- 台風   07_ 신_도 震度   08_ 오-아메 大雨

09_ 오-유키 大雪   10_ 히난 避難

이 표현은 꼭 알아야 해요.

01 어제부터 배가 아파요.

➡

---

02 전차에 물건을 두고 내렸어요.

➡

---

03 지진인가요?

➡

---

04 태풍입니다. 밖에 나가지 말아주세요.

➡

---

05 바람이 강합니다. 조심해 주세요.

➡

01_ 키노-까라 오나까가 이따이데쓰 昨日からお腹が痛いです。
02_ 덴_샤니 와스레모노오 시마시따 電車に忘れ物をしました。
03_ 지신데쓰까 地震ですか。
04_ 타이후-데쓰 소또니 데나이데 쿠다사이 台風です。外に出ないでください。
05_ 카제가 쯔요이데쓰 키오쯔케떼 쿠다사이 風が強いです。気をつけてください。

5분톡 여행 일본어
Part 1
여행 전
준비
JAPAN · 日本国

5분톡 여행 일본어
Part 2
일본
입국하기
JAPAN · 日本国

5분톡 여행 일본어
Part 3
숙박
하기
JAPAN · 日本国

5분톡 여행 일본어
Part 6
놀러
다니기
JAPAN · 日本国

5분톡 여행 일본어
Part 5
맛집
가기
JAPAN · 日本国

5분톡 여행 일본어
Part 4
교통
수단
JAPAN · 日本国

5분톡 여행 일본어
Part 7
편의점
가기
JAPAN · 日本国

5분톡 여행 일본어
Part 8
쇼핑
하기
JAPAN · 日本国

5분톡 여행 일본어
Part 9
위급
상황
JAPAN · 日本国

5분톡 여행 일본어
Mission
Complete!
JAPAN · 日本国

5분톡 여행 일본어
Part 11
친구
사귀기
JAPAN · 日本国

5분톡 여행 일본어
Part 10
부탁
하기
JAPAN · 日本国

Part
10
부탁하기

사진을 좀 찍어 주시겠습니까?

지금까지 부탁합니다, 해주세요 라는 표현을 많이 공부했는데요. 오늘은 점원이나 직원이 아닌 길 가는 사람에게 부탁하는 말을 좀 공부해 보고 싶어요. 모르는 사람에게 부탁할 때는 아주 공손해야 하는데요. 최고 공손한 표현으로 오늘 하루 공부해 보아요!

준비운동 해 보아요!

☐ 죄송합니다	스미마셍	すみません
☐ ~이지만	~가/~케도	～が/～けど
☐ 사진	샤신	写真
☐ ~을/를	~오	～を
☐ 찍다	토루	撮る
☐ 알려 주다	오시에루	教える
☐ 쓰다	카쿠	書く
☐ 켜다	쯔케루	つける
☐ 끄다	케스	消す
☐ 냉방	레-보-	冷房
☐ 난방	단_보-	暖房
☐ 버튼	보탄	ボタン
☐ 누르다	오스	押す
☐ ~해 주실 수 있나요?	~떼 이타다케마쓰까	～ていただけますか
☐ ~해 주실 수 없나요?	~떼 이타다케마센까	～ていただけませんか

말해 보아요!

사진을	찍어	주실 수	없나요?
샤신오	톳떼	이타다케	마센까
写真を	撮って	いただけ	ませんか

여기에	써	주실 수	없나요?
코꼬니	카이떼	이타다케	마센까
ここに	書いて	いただけ	ませんか

	알려	주실 수	없나요?
	오시에떼	이타다케	마센까
	教えて	いただけ	ませんか

냉방을	꺼	주실 수	없나요?
레-보-오	케시떼	이타다케	마센까
冷房を	消して	いただけ	ませんか

난방을	켜	주실 수	없나요?
단_보-오	쯔케떼	이타다케	마센까
暖房を	つけて	いただけ	ませんか

239

한솔

저⋯　　　죄송하지만.

아노-　　　스미마센가
あの～、すみませんが。

사진을　　　찍어　　　주실 수 없을까요?

샤신오　　　톳떼　　　이타다케마센까
写真を　　　撮って　　　いただけませんか。

通行人
つうこうにん

아, 네. 괜찮습니다(찍어드릴게요).

아 하이　　　이이데쓰요
あ、はい。いいですよ。

이 버튼을　　　눌러　　　주세요.

코노 보탄오　　　오시떼　　　쿠다사이
このボタンを　　　押して　　　ください。

네. 찍습니다. 자, 치-즈.

하이　　　토리마쓰　　　하이 치-즈
はい。撮ります。はい、チーズ。

정말　　　　　감사했습니다.

도-모　　　아리가또-고자이마시따
どうも　　　ありがとうございました。

센세, 도와주세요!

Q 센세, 그럼 공손하게 부탁하는 표현은 「ていただけませんか」만 암기하면 되는 거예요?

A 네, ていただけませんか가 제일 공손한 표현이에요. 궁금증 해소를 위해 더 다양한 표현도 소개해 드리겠습니다.

~해 주시겠습니까?

| 샤신오 톳떼
写真を撮って | 모라에마쓰까
もらえますか |
| | 이타다케마쓰까
いただけますか |

~해 주시지 않겠습니까?

| 샤신오 톳떼
写真を撮って | 모라에마센까
もらえませんか |
| | 이다다케마센까 **추천 표현(가장 공손)**
いただけませんか |

241

타워레코드에 가고 싶은데요.

벌써 43일째 공부네요. 이번 시간에는 길 물어보기를 배워 보아요. 방향과 위치를 나타내는 말, 그리고 다양한 동사 표현도 있어서 오늘 공부는 고도의 집중이 필요하답니다. 다들 준비되셨죠? 그럼 어서 공부하러 가 보아요.

준비운동 해 보아요!

□ ~에	~니	~に
□ 가고 싶다	이키따이	行きたい
□ ~입니다만	~데쓰케도	~ですけど
□ 알려 주실 수 없나요?	오시에떼 이타다케마센까	教えていただけませんか
□ 이 길	코노 미찌	この道
□ 직진해 가다	맛스구 이쿠	まっすぐ行く
□ 왼쪽	히다리	左
□ 오른쪽	미기	右
□ 왼쪽 편	히다리 가와	左側
□ 오른쪽 편	미기 가와	右側
□ 돌다	마가루	曲がる
□ ~미터 정도	~메-토루 구라이	~メートルぐらい
□ ~분 정도	~훈(뿐) 구라이	~分(分)ぐらい
□ ~하면	~또	~と
□ 있습니다	아리마쓰	あります

말해 보아요!

타워레코드에
타와-레코-도니
タワーレコードに

가고 싶은
이키따인_
行きたいん

데요
데쓰케도
ですけど

요요기공원에
요요기코-엔_니
代々木公園に

가고 싶은
이키따인_
行きたいん

데요
데쓰케도
ですけど

길을
미찌오
道を

알려
오시에떼
教えて

주실 수
이타다케
いただけ

없나요?
마센까
ませんか

이 길을
코노 미찌오
この道を

20미터 정도
니쥬-메-토루 구라이
20メートルぐらい

직진해
맛스구
まっすぐ

가 주세요
잇떼 쿠다사이
行ってください

드디어, 실전이에요!

한솔

저 　죄송합니다만, 타워레코드에 　　가고 싶은데요.

아노- 　스미마셍가 　타와-레코-도니 　　이키따인_데스케도
あの~ すみませんが、 タワーレコード に 行きたいんですけど。

길을 　알려 　주실 수 　없나요?

미찌오 오시에떼 　이타다케 　마센까
道を 　教えて 　いただけ 　ませんか。

通行人
つうこうにん

타워레코드말이죠.

타와-레코-도데쓰네
タワーレコードですね。

이 길을 15분 정도 직진해 가 주세요.

코노 미찌오 쥬-고훈 구라이 맛스구 잇떼 쿠다사이
この道を15分ぐらいまっすぐ行ってください。

15분 정도 　　직진 　　이군요.

쥬-고훈 구라이 　　맛스구 　　데쓰네
15分ぐらい 　　まっすぐ 　です ね。

네, 왼쪽 편에 있습니다.

하이 히다리 가와니 아리마쓰
はい、左側にあります。

정말 　　　감사합니다.

도-모 　　아리가또-고자이마쓰
どうも 　ありがとうございます。

TEST 10 이 표현은 꼭 알아야 해요.

01 사진을 찍어 주실 수 없나요?

➡

02 냉방을 꺼 주실 수 없나요?

➡

03 난방을 켜 주실 수 없나요?

➡

04 요요기공원에 가고 싶은데요.

➡

05 이 길을 20미터 정도 직진해 가 주세요.

➡

01_ 샤신오 톳떼 이타다케마센까 写真を撮っていただけませんか。
02_ 레-보-오 케시떼 이타다케마센까 冷房を消していただけませんか。
03_ 단_보-오 쯔케떼 이타다케마센까 暖房をつけていただけませんか。
04_ 요요기코-엔_니 이키따인_데쓰케도 代々木公園に行きたいんですけど。
05_ 코노 미찌오 니쥬-메-토루 구라이 맛스구 잇떼 쿠다사이
この道を20メートルぐらいまっすぐ行ってください。

Part 1
여행 전 준비

Part 2
일본 입국하기

Part 3
숙박 하기

Part 6
놀러 다니기

Part 5
맛집 가기

Part 4
교통 수단

Part 7
편의점 가기

Part 8
쇼핑 하기

Part 9
위급 상황

Mission Complete!

Part 11
친구 사귀기

Part 10
부탁 하기

Part
11
친구
사귀기

44

안녕하세요. 오한솔입니다.

음, 여행 팁 하나 말씀드릴까요? 일본에 여행가셨을 때요. 너무 큰 이자카야 말고 작은 동네에 있는 한 칸짜리 이자카야에 가시잖아요, 그럼 일본인들이 여러분에게 말을 걸어 준답니다. 어색하지만 일본어로 자기소개도 하고 SNS 주소도 주고받고 그러면 뽀로롱~ 일본인 친구 탄생! 참 쉽죠? 그럼, 일본인 친구 사귀기 프로젝트 그 첫 번째. 자기소개하기를 시작해 보아요.

준비운동 해 보아요!

□ 처음 뵙겠습니다	하지메마시떼	はじめまして
□ 안녕하세요 (낮 인사)	곤니치와	こんにちは
□ 안녕하세요 (밤 인사)	곰방와	こんばんは
□ 저는	와따시와	私は
□ ～라고 합니다	～또 모-시마쓰	～と申します
□ ～입니다	～데쓰	～です
□ 한국	칸_코끄	韓国
□ ～에서	～까라	～から
□ 왔습니다	키마시따	来ました
□ 부디	도-조	どうぞ
□ 잘	요로시끄	よろしく
□ 부탁드립니다	오네가이시마쓰	お願いします
□ ～라고	～또	～と
□ 불러 주세요	욘_데 쿠다사이	呼んでください

말해 보아요!

처음 뵙겠습니다
하지메마시떼
はじめまして

오한솔
오 한소루
オ ハンソル

이라고
또
と

합니다
모-시마쓰
申します

안녕하세요
곰방와
こんばんは

오한솔
오 한소루
オ ハンソル

입니다
데쓰
です

한솔
한소루
ハンソル

이라고
또
と

불러
욘_데
呼んで

주세요
쿠다사이
ください

한국
칸_코끄
韓国

에서
까라
から

왔습니다
키마시따
来ました

부디
도-조
どうぞ

잘
요로시끄
よろしく

부탁드립니다
오네가이시마쓰
お願いします

처음 뵙는 분이네요.

となり ひと
隣の人

하지메떼노 카따데쓰네
初めての方ですね。

한솔

아, 처음 뵙겠어요.　　오한솔　　　이에요.

아　　하지메마시떼　　　오 한소루　　　데쓰
あ、初めまして。　オ ハンソル　　です。

한국에서　　　왔어요.

칸_코꼬까라　　　키마시따
韓国から　　　来ました。

오한솔 씨인가요?

오 한소루 상데쓰까
オ ハンソルさんですか。

네.　　한솔 이라고　불러　주세요.

하이　　한소루　또　　욘_데　　쿠다사이
はい。ハンソル と　呼んで　ください。

한솔 씨군요?

한소루 상데쓰네
ハンソルさんですね。

네.

하이
はい。

혼자 온 한솔에게 옆 사람이 말을 건다.

250

센세, 도와주세요!

Q 센세, 제가 일본에서 이자카야에 갔을 때는 여러 나라에서 온 사람들이 많았거든요. 그때 자기 나라를 말하는데 잘 못 알아들었어요. 각 국가 이름을 일본어로 알려 주세요.

A 오~ 국제파티 같았겠네요. 여행을 가서 여러 나라 사람을 만나고 친구가 생기는 것도 큰 즐거움이죠? 다음번에는 다 알아들을 수 있도록, 우리 공부해 보아요.

한국	칸_코꾸 韓国	미국	아메리카 アメリカ
중국	츄-고꾸 中国	영국	이기리스 イギリス
대만	타이완 タイワン	호주	오-스토라리아 オーストラリア
베트남	베토나무 ベトナム	독일	도이쯔 ドイツ
태국	타이 タイ	프랑스	후란스 フランス
필리핀	휘리핀 フィリピン	캐나다	카나다 カナダ

저… 성함이?

자기소개가 끝났다면, 옆에 분들과도 이야기하고 본격 아이스 브레이킹의 타임입니다. 떨리죠, 여러분? 일단 이름을 알아야 하는데요. **이름은 뭔가요?** 라고 다 묻지 않고 **저기... 성함은?** **성함이...?** 이렇게 말끝을 살짝 흐리는 게 더 자연스럽답니다. 아주 쉬운 표현이니 걱정 마시고, 일본인 친구 만들기 두 번째 시간! 공부해 보아요.

준비운동 해 보아요!

☐ **(나의) 이름**	나마에	名前
☐ **(남의) 이름**	오나마에	お名前
☐ **~은/는**	~와	~は
☐ **~이/가**	~가	~が
☐ **~님**	~사마	~様
☐ **~씨**	~상	~さん
☐ **~짱**(애칭)	~쨩	~ちゃん
☐ **(나의) 직업**	시고또	仕事
☐ **(남의) 직업**	오시고또	お仕事
☐ **무엇인가요?**	난_데쓰까	何ですか
☐ **회사원**	카이샤잉	会社員
☐ **은행원**	깅_코-잉	銀行員
☐ **대학생**	다이각세-	大学生
☐ **선생님**	센_세-	先生
☐ **공무원**	코-무잉	公務員

말해 보아요!

저⋯ 아노- あのう	**성함이?** 오나마에가? お名前が
저⋯ 아노- あのう	**성함은?** 오나마에와? お名前は
직업은 오시고또와 お仕事は	**무엇인가요?** 난_데쓰까 何ですか

➡ **회사원**   **이에요**
    카이샤잉   데쓰
    会社員   です

➡ **대학생**   **이에요**
    다이각세-   데쓰
    大学生   です

한솔

저　　　성함은…?

아노-　　　　오나마에와
あのう、　お名前は？

隣の人

아, 저는 타카하시 에리코예요.

아 와따시와 타카하시 에리코데쓰
あ、私は高橋えりこです。

한솔도 용기를 내어 이자카야 옆자리
사람에게 말을 건다.

타카하시 에리코　　씨군요.

타카하시 에리코　　상데쓰네
高橋えりこ　　さんですね。

에리쨩이라고 불러 주세요.

에리쨩또 욘_데 쿠다사이
えりちゃんと呼んでください。

네,　　에리쨩.　　에리쨩의 직업은　무엇인가요?

하이　　에리쨩　　에리쨩노 오시고또와　난_데쓰까
はい、えりちゃん。えりちゃんのお仕事は 何ですか。

회사원이에요. 한솔 씨는(요)?

카이샤잉데쓰　　한소루 상와
会社員です。ハンソルさんは？

저는　　대학생　　이에요.

와따시와　　다이각세-　　데쓰
私は　　大学生　　です。

254

센세, 도와주세요!

Q 센세, 언제 「사마」 「상」 「쨩」을 쓰나요?
이름 부르는 법칙 같은 거 있나요?

A 오! 좋은 질문이네요. 일본식 이름 부르기 한번 공부해 볼까요?

성	이름
타카하시	에리코
초면에는 성에 さん 상을 붙여요.	이름만 부를 수 있는 사람은 가족, 친한 친구, 연인이랍니다.

① 이름을 들었다면 성에 さん 을 붙여서 말합니다.
② 상대방이 ~라고 불러주세요 라고 말한다면 상대방이 허락한 이름으로 부르면
된답니다. 본문에서는 에리코 씨가 **에리쨩**이라고 애칭을 허락하네요.

< 호칭 붙이기 >

~사마
~様

님 이라는 뜻으로 주로 고객에게 쓰는
경우가 많아요.

~상
~さん

씨 에 해당하며 가장 일반적으로
쓰인답니다.

~쨩
~ちゃん

여자의 애칭을 이야기할 때 사용해요.
남자의 경우 열 살 미만의 아이에게
사용한답니다.

~쿤
~君

나보다 나이 · 직급이 어린 남자에게
사용해요.

★DAY★
46

오늘은 참 덥네요.

처음 만난 사람, 거기다 그 사람이 외국인이라면 어떤 말을 해야 할지 참 난감한데요.
그럴 때 우리를 도와주는 기적의 화제 날씨 가 있습니다. 날씨만 쓱 이야기해도
이야기가 바퀴를 단 것처럼 잘 굴러가지요? 날씨 는 일본어로 天気 텡_끼 입니다. 이제
날씨 이야기하러 가 볼까요?

준비운동 해 보아요!

□ 날씨	텡_끼	天気
□ ~이/가	~가	~が
□ 좋다	이이	いい
□ 나쁘다	와루이	悪い
□ 오늘	쿄-	今日
□ 내일	아시따	明日
□ 덥다	아쯔이	暑い
□ 무덥다	무시아쯔이	蒸し暑い
□ 춥다	사무이	寒い
□ 선선하다	스즈시-	涼しい
□ 따뜻하다	아타따까이	暖かい
□ ~하군요	~데쓰네	~ですね
□ 너무 덥다	아쯔 스기루	暑すぎる
□ 너무 춥다	사무 스기루	寒すぎる
□ 비가 오다	아메가 후루	雨が降る
□ 눈이 오다	유키가 후루	雪が降る

말해 보아요!

오늘은 쿄-와 今日は	날씨가 텡_끼가 天気が	좋네요 이이데쓰네 いいですね
오늘은 쿄-와 今日は	날씨가 텡_끼가 天気が	나쁘네요 와루이데쓰네 悪いですね
오늘은 쿄-와 今日は	덥네요 아쯔이데쓰네 暑いですね	
오늘은 쿄-와 今日は	너무 덥 아쯔 스기 暑すぎ	네요 마쓰네 ますね
오늘은 쿄-와 今日は	너무 춥 사무 스기 寒すぎ	네요 마쓰네 ますね

257

한솔

어?   에리짱   안녕하세요.

아라?   에리쨩   곰방와

あら、   えりちゃん、こんばんは。

えりこ

한솔 씨, 안녕하세요.

힌소루 상 곰방의

ハンソルさん、こんばんは。

오늘은 너무 덥 네요.

쿄-와   아쯔 스기   마쓰네

今日は 暑すぎ ますね。

한솔은 이자카야에서 어제 만난 에리코 씨를 다시 본다.

일본의 여름은 매우 덥답니다.

니혼_노 나쯔와 토떼모 아쯔인_데쓰요

日本の夏はとても暑いんですよ。

내일은 비가 온다네요.

아시따와 아메가 후루 소-데쓰

明日は雨が降るそうです。

에?   내일은   비   인가요?

헤-   아시따와   아메   데쓰까

へえ、 明日は   雨   ですか。

센세, 도와주세요!

Q 센세, 봄·여름·가을·겨울도 알려 주세요.

A 계절을 아는 것도 중요하지요? 그런 계절과 함께 날씨 표현도 같이 공부해 보아요.

하루 **春** 봄	아타따까이데쓰네 **暖かいですね** 따뜻하네요
나쯔 **夏** 여름	무시아쯔이데쓰네 **蒸し暑いですね** 무덥네요
	아메가 후리마쓰네 **雨が降りますね** 비가 오네요
아키 **秋** 가을	스즈시-데쓰네 **涼しいですね** 선선하네요
후유 **冬** 겨울	사무이데쓰네 **寒いですね** 춥네요
	유키가 후리마쓰네 **雪が降りますね** 눈이 오네요

취미는 뭐예요?

우연한 만남으로 알게 된 친구와 이야기를 이어갑니다. 이름도 물어봤고, 날씨 이야기도 했다면 우리 이제 서로를 더 알아가야겠네요. 서로의 취향을 이야기해 봅시다. 제일 일반적으로 이야기하는 게 취미이죠? 취미 는 일본어로 趣味 슈미 랍니다.

준비운동 해 보아요!

□ 취미	슈미	趣味
□ 무엇인가요?	난_데쓰까	何ですか
□ 영화를 보다	에-가오 미루	映画を見る
□ 그림을 보다	에오 미루	絵を見る
□ 그림을 그리다	에오 카쿠	絵を描く
□ 음악을 듣다	옹_가꾸오 키쿠	音楽を聞く
□ 피아노를 치다	피아노오 히쿠	ピアノをひく
□ 게임을 하다	게-무오 스루	ゲームをする
□ 운동을 하다	운_도-오 스루	運動をする
□ ~것입니다	~코토데쓰	~ことです
□ 혈액형	케츠에끼가따	血液型
□ A형	에-가따	A型
□ B형	비-가따	B型
□ O형	오-가따	O型
□ AB형	에-비-가따	AB型
□ 무슨 형	나니 가따	何型

말해 보아요!

취미는	무엇인가요?
슈미와	난_데쓰까
趣味は	何ですか

영화를	보는	것	입니다
에-가오	미루	코또	데쓰
映画を	見る	こと	です

음악을	듣는	것	입니다
옹_가꾸오	키쿠	코또	데쓰
音楽を	聞く	こと	です

무슨 형	이세요?
나니 가따	데쓰까
何型	ですか

무슨 형	으로	보이나요?
나니 가따	니	미에마쓰까
何型	に	見えますか

한솔

에리짱(의)　　취미는　　뭐예요?

에리쨩노　　　슈미와　　　난_데쓰까
えりちゃんの　　趣味は　　何ですか。

えりこ

영화를 보는 거예요. 한솔 씨는(요)?

에-가오 미루 코또데쓰　　　한소루 상와
映画を見ることです。ハンソルさんは？

저는　　음악을　　듣는　　거예요.

와따시와　　옹_가꾸오　　키쿠　　코또데쓰
私は　　音楽を　　聞く　　ことです。

그래요? 한솔 씨, 무슨 형이세요?

소-데쓰까　　　한소루 상 나니 가따데쓰까
そうですか。ハンソルさん、何型ですか。

무슨 형 으로　보이나요?

나니 가따　니　　미에마쓰까
何型　　に　見えますか。

음... A형인가요?

우-음 에-가따데쓰까
うーん、A型ですか。

에리코 씨와 한솔은 대화를 이어간다.

우와,　　대단하네요.　　저,　　A형이에요.

우와-　　스고이데쓰네　　와따시　　에-가따데쓰
うわあ、すごいですね。私、　A型です。

센세, 도와주세요!

Q 센세, 취미를 말할 때요, 꼭 '~것입니다' 이렇게 이야기해야 하는 거예요?

A 아니에요. 명사로 ~이에요 이렇게 대답해도 된답니다. 그럼 명사로 말하는 취미 표현을 여러 가지 공부해 볼까요?

영화 감상	에-가칸_쇼- 映画鑑賞	축구	삭까- サッカー
게임	게-무 ゲーム	야구	야큐- 野球
요리	료-리 料理	수영	스이에- 水泳
독서	독쇼 読書	스노보드	스노-보-도 スノーボード
테니스	테니스 テニス	요가	요가 ヨガ
근력 운동	킨토레 筋トレ	필라테스	피라티스 ピラティス

263

48 아~ 그렇군요.

일본어는 맞장구치는 언어랍니다. 상대방이 말하면 꼭 맞장구를 쳐줘야 하는데요.
그렇게 해야 내 이야기를 잘 듣고 있구나 라고 생각한답니다. 맞장구 표현은 여러
가지가 있는데요. 하나만 알면 너무 성의 없어 보이니 세 개 정도는 암기해서 다양하게
구사해 보아요. 그럼 오늘도 출발~!

 ## 동의하는 말

과연/정말
나루호도
なるほど

상대방 말에 동의하면서 하는 말이에요.
과연 그렇구나~ 정말 그렇구나~ 하는 뉘앙스로 쓰인
답니다.

그렇죠/그렇군요
소-데쓰네
そうですね

가장 많이 쓰는 동의의 말이에요. 상대방 이야기가
맞는다고 생각할 때 상대방 이야기의 끝말에 붙여서
하면 된답니다.

그~렇죠
소-난_데쓰네
そうなんですね

そうですね 보다 더 강한 뉘앙스의 맞장구예요.
한국어로 하면 **그~렇죠** 가 된답니다.

놀라움을 나타내는 말

(놀라움)
헤-
へえ～

이 맞장구는 많이 들어보셨죠? 상대방이 이야기하는 것을 듣고 놀랐을 때, 예상치 못한 이야기를 들었을 때 하는 표현이에요.

정말(로)?
혼_또-(니)
本当(に)?

정말로요? 믿을 수 없어요라는 뉘앙스이고요. 상대방의 이야기가 믿을 수 없을 정도로 놀랍다는 뉘앙스를 가지고 있어요.

그래요?
소-데쓰까
そうですか!

우리가 제일 잘 알고 있는 말이죠. 확인할 때, 내가 생각지 못했던 내용이 나왔을 때 자주 쓰는 말이에요.

(저는) 몰랐어요
시라나깟딴_데쓰
知らなかったんです

나는 몰랐는데, 말하는 당신은 알고 있군요 라는 뉘앙스의 말로 상대방이 주는 정보에 대한 놀라움을 나타내는 말이랍니다.

상대방을 칭찬하는 말

대단하네요
스고이데쓰네
すごいですね

상대방이 칭찬받을 일을 했다면 주저하지 말고 이 표현을 써 보세요. 대화의 분위기가 한층 부드러워진답니다.

과연 (대단함)
사스가
さすが

이 표현 역시 칭찬할 때 많이 쓰는데요, **과연 도쿄대 대학생답구나!** 이렇게 상대방을 추켜세워주는 말이랍니다.

라인 아이디 알려 주시겠어요?

일본인 친구가 생겼다면 그 인연을 계속 이어나가야겠죠? 요즘은 또 워낙 SNS가 발달되어 있어서 서로 아이디를 물어보고 친구 추가도 하면 된답니다. 그럼 일본인 친구에게 물어볼까요?

준비운동 해 보아요!

☐ 페이스북	훼이스북끄	フェイスブック
☐ 인스타그램	인_스타그라무	インスタグラム
☐ 라인	라인	ライン
☐ 카카오톡	카카오토-크	カカオトーク
☐ 하고 있나요?	시떼 마쓰까	してますか
☐ 아이디	아이디-	アイディー
☐ 알려 줄 수 있나요?	오시에떼 모라에마쓰까	教えてもらえますか
☐ 알려 줄 수 있나요?	오시에떼 이타다케마쓰까	教えていただけますか
☐ 실례지만	시쯔레-데쓰케도	失礼ですけど
☐ 몇 살이세요?	난_사이데쓰까	何歳ですか
☐ 몇 살이세요?	이쿠쯔데쓰까	いくつですか
☐ 몇 살이세요? 〈추천 표현〉	오이쿠쯔데쓰까	おいくつですか
☐ 몇 년도 생	난_넨_우마레	何年生まれ

말해 보아요!

인스타그램 (계정) 인_스타그라무 インスタグラム	**알려 줄** 오시에떼 教えて	**수 있나요?** 모라에마쓰까 もらえますか
라인 (아이디) 라인 ライン	**알려 줄** 오시에떼 教えて	**수 있나요?** 모라에마쓰까 もらえますか
실례지만 시쯔레-데쓰케도 失礼ですけど	**몇 살** 오이쿠쯔 おいくつ	**이세요?** 데쓰까 ですか
몇 년도 난_넨_ 何年	**생** 우마레 生まれ	**이세요?** 데쓰까 ですか
97년도 큐-쥬-나나넨_ 97年	**생** 우마레 生まれ	**이에요** 데쓰 です

한솔

에리짱, 라인 하고 있나요?
에리쨩　　라인　시떼 마쓰까
えりちゃん、 ライン してますか。

えりこ

네, 하고 있어요.
はい、 してますけど。 하이 시떼 마쓰케도

라인 (아이디) 알려 줄 수 있나요?
라인　　오시에떼　모라에마쓰까
ライン 教えて もらえますか。

물론이죠. 이거예요.
もちろんですよ。 これです。 모찌론_데쓰요 코레데쓰

고맙습니다. 이건 저의 아이디 예요.
아리가또-고자이마쓰　코레와　와따시노 아이디-　데쓰
ありがとうございます。 これは 私のアイディー です。

네, 등록했어요.
はい、 登録しました。 하이 토-로끄 시마시따

에리짱, 실례지만 몇 살 이세요?
에리쨩　시쯔레-데쓰케도　오이쿠쯔　데쓰까
えりちゃん、 失礼ですけど、 おいくつ ですか。

96년도 생입니다. 한솔 씨는(요)?
큐-쥬-로끄넨_ 우마레데쓰 한소루 상와
96年生まれです。 ハンソルさんは？

저는 97년도 생 이에요.
와따시와 큐-쥬-나나넨_ 우마레 데쓰
私は 97年 生まれ です。

에리코 씨와 한솔은 대화를
이어간다.

268

센세, 도와주세요!

Q 센세, 일본인 친구랑 나이 이야기를 하면 항상 갭이 생겨서요. 그럼, 일본은 만으로 나이를 세는 거죠? 나이를 물어볼 때 '몇 년도 생인지'를 질문하는 게 적당할까요?

A 일본은 만으로 나이를 세기 때문에 우리나라 기준과는 한 살이나 두 살 정도가 차이가 난답니다. 일본은 나이가 많다고 **언니·오빠** 이렇게 부르지 않아서 다 친구처럼 지내는데요. 그래도 나이가 궁금하다면 우리가 공부한 **몇 년도 생이세요?** 를 쓰거나 띠를 물어보는 것도 한 가지 방법이랍니다. 그럼 일본어로 띠를 물어보아요.

<えと 에또>

쥐	네즈미 ねずみ	말	우마 馬
소	우시 牛	양	히쯔지 羊
호랑이	토라 虎	원숭이	사루 さる
토끼	우사기 うさぎ	닭	니와토리 鶏
용	류- 竜	개	이누 犬
뱀	헤비 蛇	멧돼지	이노시시 いのしし

269

한국에 꼭 놀러 오세요.

짧은 만남이었지만, 일본인 친구와 많은 이야기도 하고 추억도 만들었네요. 내일은 우리가 한국으로 돌아가는 날. 아쉽지만 친구와도 이별입니다. 이번에는 친구를 한국으로 초대해 보아요. 이별 뒤에는 또 다음번의 신나는 만남이 기다리고 있겠죠?

준비운동 해 보아요!

□ 내일	아시따	明日
□ 비행기	히꼬-키	飛行機
□ 아침	아사	朝
□ 점심	히루	昼
□ 저녁(밤)	요루	夜
□ 하나요?	시마쓰까	しますか
□ 같이/함께	잇쇼니	一緒に
□ 식사	쇼꾸지	食事
□ 쇼핑	카이모노	買い物
□ ~하지 않을래요? (권유)	~시마센까	~しませんか
□ ~해요/합시다	~시마쇼-	~しましょう
□ 좋네요 (승낙)	이이데쓰네	いいですね
□ 미안해요 (거절)	스미마셍	すみません
□ 다음에	콘_도	今度
□ ~하러 오세요	~니 키떼 쿠다사이	~に来てください
□ 놀러 오세요	아소비니 키떼 쿠다사이	遊びに来てください

말해 보아요!

내일 아시따 明日	**같이** 잇쇼니 一緒に	**식사** 쇼꾸지 食事	**하지 않을래요?** 시마셍까 しませんか
내일 아시따 明日	**같이** 잇쇼니 一緒に	**쇼핑** 카이모노 買い物	**하지 않을래요?** 시마셍까 しませんか
좋네요 이이데쓰네 いいですね	**같이** 잇쇼니 一緒に	**식사** 쇼꾸지 食事	**해요** 시마쇼- しましょう
미안합니다 스미마셍 すみません	**내일은** 아시따와 明日は	**예정이** 요테-가 予定が	**있어서…** 앗떼 あって…
한국에 칸_코꾸니 韓国に	**꼭** 제히 ぜひ	**놀러** 아소비니 遊びに	**오세요** 키떼 쿠다사이 来てください

271

えりこ

한솔 씨, 내일 몇 시(의) 비행기인가요?

한소루 상 아시따 난_지노 히꼬-키데쓰까
ハンソルさん、明日何時の飛行機ですか。

한솔

저녁	9시(의)	비행기	예요.
요루	쿠지노	히꼬-키	데쓰
夜	9時の	飛行機	です。

그래요? 함께 점심 하지 않을래요?

소-데쓰까　　　잇쇼니 란치 시마센까
そうですか。一緒にランチしませんか。

좋아요.	12시는	어때요?
이이데쓰네	쥬-니지와	도-데스까
いいですね。	12時は	どうですか。

내일 귀국하는 한솔과
일본인 친구 에리코는 점심
약속을 잡는다.

네, 그렇게 해요.

하이 소- 시마쇼-
はい、そうしましょう。

에리짱,	다음에	한국에 꼭	놀러 오세요.
에리쨩	콘_도	칸_코끄니 제히	아소비니 키떼 쿠다사이
えりちゃん、	今度	韓国にぜひ	遊びに来てください。

네, 한솔 씨. 꼭 갈게요.

하이 한소루 상　　　　카나라즈 이키마쓰
はい、ハンソルさん。必ず行きます。

센세, 도와주세요!

Q 센세, 거절할 때 '아니요, 못 가요' 이렇게 말하면 실례인가요?

A 네, 일본어에는 그런 표현이 없답니다. 일본어로는 거절할 때 공식이 있는데요. 꼭 그 공식대로 거절해야 해요. 소개해 드릴게요.

< 일본어의 거절 공식 >

| 스미마셍
すみません

죄송해요 |

(미안한 표정) | 테스토가 아리마쓰
[이유]

시험이 있어요 |

273

TEST 11

이 단어는 꼭 알아야 해요.

01	(나의) 이름	
02	(남의) 이름	
03	(나의) 직업	
04	(남의) 직업	
05	날씨가 좋다	
06	날씨가 나쁘다	
07	취미	
08	몇 살이세요?	
09	비행기	

01_ 나마에 名前   02_ 오나마에 お名前   03_ 시고또 仕事   04_ 오시고또 お仕事

05_ 텡_끼가 이이 天気がいい   06_ 텡_끼가 와루이 天気が悪い

07_ 슈미 趣味   08_ 오이쿠쯔데쓰까 おいくつですか   09_ 히꼬-키 飛行機

이 표현은 꼭 알아야 해요.

01 처음 뵙겠습니다. 오한솔이라고 합니다.

➜ _____

02 한솔이라고 불러 주세요.

➜ _____

03 직업은 무엇인가요?

➜ _____

04 영화를 보는 것입니다.

➜ _____

05 한국에 꼭 놀러 오세요.

➜ _____

01_ 하지메마시떼 오 한소루또 모-시마쓰 はじめまして。オ ハンソルと申します。
02_ 한소루또 욘_데 쿠다사이 ハンソルと呼んでください。
03_ 오시고또와 난_데쓰까 お仕事は何ですか。
04_ 에-가오 미루 코또데쓰 映画を見ることです。
05_ 칸_코꼬니 제히 아소비니 키떼 쿠다사이 韓国にぜひ遊びに来てください。

275

이건
알고
가자！

알짜 TIP

예약·쇼핑에
필요한 조수사

예약에 필요한 일본어 (1) - 숫자

① 한 자리 숫자

1	이찌 いち	두 박자로 명확하게 발음해주세요.
2	니 に	숫자 2는 니 한 박자입니다. 니― 라고 길게 발음하지 않도록 주의!
3	산_ さん	암기하기 쉽죠? 삼은 산_
4	시 / 욘_ し・よん	4는 발음이 두 개 있는데요. 시라는 발음은 死(죽을 사)와 발음이 똑같아서 가능하면 욘_을 사용한답니다.
5	고 ご	숫자 5도 한 박자예요. 아시죠? 고입니다.
6	로끄 ろく	6은 로끄라고 발음해 주세요. く는 쿠보다 끄라고 발음하는 게 더 명확하게 들린답니다.
7	시찌 / 나나 しち・なな	7도 두 개가 있네요. 먼저 생긴 건 시찌인데요. 숫자 1 이찌랑 발음이 비슷해서 나나가 태어났답니다. 웬만하면 나나로 표현해요.
8	하찌 はち	하치 보단 하찌 쪽이 더 명료하게 들린답니다.
9	큐- / 쿠 きゅう・く	9 발음 주의! 큐-로 발음하셔야 해요. 규-라고 하시면 소cow가 되어 버린답니다. 아! 그리고 상황에 따라서는 쿠라고 읽는 경우도 있답니다. 암기하실 때 주의해 주세요!
10	쥬- じゅう	쥬- 길게 두 박자, 장음 살려서 발음해 주세요.

지금부터 숫자와 시간 그리고 요일과 날짜를 공부해 보겠습니다. 숫자는 발음이 정말 중요해요. 명확하게 상대방이 알아들을 수 있도록, 발음 설명을 보면서 크게 따라 해 주세요.

② 두 자리 숫자

19	십 **쥬-** じゅう	구 **큐-** きゅう	
21	이 **니** に	십 **쥬-** じゅう	일 **이찌** いち
35	삼 **산_** さん	십 **쥬-** じゅう	오 **고** ご
47	사 **욘_** よん	십 **쥬-** じゅう	칠 **나나** なな
56	오 **고** ご	십 **쥬-** じゅう	육 **로꾸** ろく
98	구 **큐-** きゅう	십 **쥬-** じゅう	팔 **하찌** はち

예약에 필요한 일본어 (2) - 시간

기본적인 숫자를 클리어했으니, 이제는 시간입니다. 앞서 공부한 숫자 뒤에 시를 나타내는 지를 붙여서 발음하면 된답니다.

1時 이찌지	**2時** 니지	**3時** 산_지
발음 주의 **4時** 요지	**5時** 고지	**6時** 로꼬지
발음 주의 **7時** 시찌지	**8時** 하찌지	발음 주의 **9時** 쿠지
10時 쥬-지	**11時** 쥬-이찌지	**12時** 쥬-니지

5分 고훈	**10分** 쥽뿐
15分 쥬-고훈	**20分** 니쥽뿐
25分 니쥬-고훈	**30分** 산_쥽뿐
35分 산_쥬-고훈	**40分** 욘_쥽뿐
45分 욘_쥬-고훈	**50分** 고쥽뿐
55分 고쥬-고훈	**60分** 로끄쥽뿐

5분 단위는 훈

10분 단위는 뿐

몇 시	**何時** 난_지	몇 분	**何分** 난_뿐

예약에 필요한 일본어 (3) - 날짜

이제 마지막 관문인 날짜입니다. 요일과 날짜를 정확하게 발음하는 연습을 해 보아요. 월은 가쯔, 일은 니찌 입니다. 숫자 뒤에 붙이면 쉽게 따라 할 수 있어요. 단, 일을 이야기할 때 1일~10일 까지는 특별하게 말하니 꼭 기억해 두기예요!

월요일	화요일	수요일
게쯔요-비	카요-비	스이요-비
月曜日	火曜日	水曜日

목요일	금요일	토요일
모꾸요-비	킨_요-비	도요-비
木曜日	金曜日	土曜日

일요일	무슨 요일
니찌요-비	난_요-비
日曜日	何曜日

어제	오늘	내일
키노-	쿄-	아시따
昨日	今日	明日

1月 이찌가쯔	2月 니가쯔	3月 산_가쯔	4月 시가쯔
5月 고가쯔	6月 로끄가쯔	7月 시찌가쯔	8月 하찌가쯔
9月 쿠가쯔	10月 쥬-가쯔	11月 쥬-이찌가쯔	12月 쥬-니가쯔

1日	2日	3日	4日	5日	6日	7日
쯔이타치	후쯔까	밋까	욧까	이쯔까	무이까	나노까
8日	9日	10日	11日	12日	13日	14日
요-까	코코노까	토-까	쥬-이찌니찌	쥬-니니찌	쥬-산_니찌	쥬-욧까
15日	16日	17日	18日	19日	20日	21日
쥬-고니찌	쥬-로끄니찌	쥬-시찌니찌	쥬-하찌니찌	쥬-쿠니찌	하쯔까	니쥬-이찌니찌
22日	23日	24日	25日	26日	27日	28日
니쥬-니니찌	니쥬-산_니씨	니쥬-욧까	니쥬-고니찌	니쥬-로끄니찌	니쥬-시찌니찌	니쥬-하찌니찌
29日	30日	31日				
니쥬-쿠니찌	산_쥬-니찌	산_쥬-이찌니찌				

쇼핑에 필요한 일본어 (1) - 돈

돈을 공부해 봅시다. 일본의 화폐 단위는 円 엔 인데요. 숫자를 말한 후에 엔 을 붙여서 말하면 된답니다. 쇼핑할 때 꼭 필요한 표현이니 집중해서 크게 발음해 보아요.

1円 이찌엔	10円 쥬-엔	100円 햐꾸엔	1000円 센_엔	10000円 이찌만_엔
2円 니엔	**20円** 니쥬-엔	**200円** 니햐꾸엔	**2000円** 니센_엔	**20000円** 니만_엔
3円 산_엔	**30円** 산_쥬-엔	**300円** 산_뱌꾸엔	**3000円** 산_젠_엔	**30000円** 산_만_엔
4円 요엔	**40円** 욘_쥬-엔	**400円** 욘_햐꾸엔	**4000円** 욘_센_엔	**40000円** 욘_만_엔
5円 고엔	**50円** 고쥬-엔	**500円** 고햐꾸엔	**5000円** 고센_엔	**50000円** 고만_엔
6円 로꾸엔	**60円** 로꾸쥬-엔	**600円** 롭뺘꾸엔	**6000円** 록센_엔	**60000円** 로꾸만_엔
7円 나나엔	**70円** 나나쥬-엔	**700円** 나나햐꾸엔	**7000円** 나나센_엔	**70000円** 나나만_엔
8円 하찌엔	**80円** 하찌쥬-엔	**800円** 합뺘꾸엔	**8000円** 핫센_엔	**80000円** 하찌만_엔
9円 큐-엔	**90円** 큐-쥬-엔	**900円** 큐-햐꾸엔	**9000円** 큐-센_엔	**90000円** 큐-만_엔

3	4	2	1	円
삼천	사백	이십	일	엔
산_젠_	욘_햐끄	니쥬-	이찌	엔

1	0	6	6	4	円
만		육백	육십	사	엔
이찌만_		롭빠끄	로끄쥬-	요	엔

9	6	8	5	0	円
구만	육천	팔백	오십		엔
큐-만_	록센_	합빠끄	고쥬-		엔

7	4	1	1	8	円
칠만	사천	백	십	팔	엔
나나만_	욘_센_	햐끄	쥬-	하찌	엔

쇼핑에 필요한 일본어 (2) - 개수

한 개 주세요 할 때 개수를 표현해 볼까요? 이제 손가락으로 말하는 건 안 하셔도 됩니다. 크고 정확한 발음으로 공부해 보아요.

한 개 히토쯔 ひとつ	두 개 후타쯔 ふたつ	세 개 밋쯔 みっつ
네 개 욧쯔 よっつ	다섯 개 이쯔쯔 いつつ	여섯 개 뭇쯔 むっつ
일곱 개 나나쯔 ななつ	여덟 개 얏쯔 やっつ	아홉 개 코코노쯔 ここのつ
열 개 토- とお	몇 개 이쿠쯔 いくつ	

Memo

Memo